新时代大学生社会主义核心价值观培育研究

XINSHIDAI DAXUESHENG SHEHUI ZHUYI
HEXIN JIAZHIGUAN PEIYU YANJIU

白勤 ◎ 著

四川大学出版社
SICHUAN UNIVERSITY PRESS

项目策划：梁　平
责任编辑：陈克坚
责任校对：傅　奕
封面设计：璞信文化
责任印制：王　炜

图书在版编目（CIP）数据

新时代大学生社会主义核心价值观培育研究 ／ 白勤
著 . 一 成都：四川大学出版社，2021.9（2024.6 重印）
ISBN 978-7-5690-4964-0

Ⅰ．①新… Ⅱ．①白… Ⅲ．①大学生－社会主义核心
价值观－教学研究－中国 Ⅳ．① G641

中国版本图书馆 CIP 数据核字（2021）第 176894 号

书名		新时代大学生社会主义核心价值观培育研究
著　　者		白　勤
出　　版		四川大学出版社
地　　址		成都市一环路南一段 24 号（610065）
发　　行		四川大学出版社
书　　号		ISBN 978-7-5690-4964-0
印前制作		四川胜翔数码印务设计有限公司
印　　刷		永清县晔盛亚胶印有限公司
成品尺寸		170mm×240mm
印　　张		10.75
字　　数		198 千字
版　　次		2021 年 9 月第 1 版
印　　次		2024 年 6 月第 2 次印刷
定　　价		78.00 元

◆ 读者邮购本书，请与本社发行科联系。
　电话：(028)85408408/(028)85401670/
　(028)86408023　邮政编码：610065
◆ 本社图书如有印装质量问题，请寄回出版社调换。
◆ 网址：http://press.scu.edu.cn

四川大学出版社
微信公众号

前　言

党的十八大以来，习近平总书记高度重视社会主义核心价值观培育工作，就大学生社会主义核心价值观培育发表了一系列重要讲话，作出了一系列指示和批示，提出坚守为党育人、为国育才，培养大学生爱国情怀、社会责任感、创新精神、实践能力，在加快推进教育现代化的新征程中，坚持以社会主义核心价值观引领大学生成为担当民族复兴大任的时代新人。

本书的基本框架为：

新时代大学生社会主义核心价值观培育理念先行。要以社会主义核心价值观的本质内涵为根本内核，牢固确立培育的基本内涵，即中国共产党人的光荣传统和优良作风是大学生社会主义核心价值观培育的历史根基、中华优秀传统文化是大学生社会主义核心价值观培育的文化渊源、新时代中国特色社会主义是大学生社会主义核心价值观培育的理论根源、人类文明进步与世界和平发展是大学生社会主义核心价值观培育的实践基础。同时，要在国内国外两个大局中，深刻把握新时代展示大学生社会主义核心价值观培育的鲜明特色，新使命增强大学生社会主义核心价值观培育的时代担当，新判断赋予大学生社会主义核心价值观培育的迫切任务，新思想指明大学生社会主义核心价值观培育的重要意义。

新时代大学生社会主义核心价值观培育的历史进程及其内在规律。立足新时代大学生社会价值共识培育的初步探索、新世纪大学生社会主义核心价值观培育的成熟完善、新时代大学生社会主义核心价值观培育的高质量发展等中国价值观建设的历史进程；要在坚定马克思主义信仰对大学生社会主义核心价值观培育的价值旨归、确保党对大学生社会主义核心价值观培育的领导核心、完善社会主义对大学生核心价值观培育的制度依托、遵循立德树人对大学生社会主义核心价值观培育的根本目标等规律的基础上，研析当前大学生社会主义核心价值观培育的困境，固根基、扬优势、强弱项。

新时代大学生社会主义核心价值观培育的实践路径。推进形成概念层、表征层、行为层和伦理层等维度的培育实践载体；利用云计算、远程访问等方式，搭建核心价值观培育的网络平台；调动学校、家庭、社会培育的同向同行等载体方式。同时，以新发展理念优化培育方式方法，即，积极调动高校课堂主阵地统筹好办法、整体性创新实践基地改进老办法、贯通式采用现代新技术挖掘新办法，为培育实践路径拓展广阔空间与国际视野。坚持探索把社会主义核心价值观融入高校思想政治理论课的教育教学模式。

新时代大学生社会主义核心价值观培育的长效机制。培育社会主义核心价值观要成为高校教育者的一种自觉，成为一种教育常态，需要在体制机制层面狠下功夫。一是建立"实现利益诉求、形成正向闭环"的激励机制，将培育工作纳入高校党建工作责任制，完善正确价值导向的组织领导制；二是加强社会主义核心价值观的教育体系构建机制，强化社会主义核心价值观的育人队伍建设；三是建立将培育成效作为相关评估评价的反馈机制，推进大学生社会主义核心价值观的培育机制改革创新。

目　录

第一章　新时代大学生社会主义核心价值观培育的研究概述

习近平总书记高度重视大学生价值养成，明确指出要让社会主义核心价值观成为大学生日常工作生活的基本遵循，并身体力行将其推广到全社会去。恰若总书记所言，"青年的价值取向决定了未来整个社会的价值取向"①，对此，他率先垂范，以"扣好人生第一粒扣子""凿井者""小麦灌浆期""小树苗""拔节孕穗期"等为喻，强调指出青年价值观具有强烈的社会导向和示范效应。从 1994 年开始，我国学者陆续提出"社会主义核心价值体系""社会主义核心价值观"两个概念。2006 年中国共产党第十六届中央委员会第六次全体会议通过了《中共中央关于构建社会主义和谐社会若干重大问题的决定》，阐明了什么是"社会主义核心价值体系"，这是在党的重要文献中首次提出"社会主义核心价值体系"的概念。此后，学界开始探讨社会主义核心价值体系和社会主义核心价值观这两个概念之间的内在关系问题。

第一节　研究背景与研究意义

2012 年在党的十八大报告中，我们党对社会主义核心价值观的内涵进行了最新的概括，在《关于培育和践行社会主义核心价值观的意见》中提出了二十四字核心价值观：富强、民主、文明、和谐，自由、平等、公正、法治，爱国、敬业、诚信、友善。用社会主义核心价值观指引经济社会发展，是我们党治国理政的一种重要方式。2017 年在党的十九大报告中，习近平

---

① 习近平. 青年要自觉践行社会主义核心价值观——在北京大学师生座谈会上的讲话［N］. 人民日报，2014−05−05（02）.

总书记指出："要以培养担当民族复兴大任的时代新人为着眼点，强化教育引导、实践养成、制度保障，发挥社会主义核心价值观对国民教育、精神文明创建、精神文化产品创作生产传播的引领作用，把社会主义核心价值观融入社会发展各方面，转化为人们的情感认同和行为习惯。"① 因此，将社会主义核心价值观内化为我们党的精神追求，外化为自觉行动，有力推动了经济社会发展、综合国力提升、人民生活改善，创造了世所罕见的经济快速发展奇迹和社会长期稳定奇迹。"十四五"时期是我国全面建成小康社会、实现第一个百年奋斗目标之后，乘势而上开启全面建设社会主义现代化国家新征程、向第二个百年奋斗目标进军的第一个五年，我国将进入新发展阶段。2020年党的十九届五中全会通过的《中共中央关于制定国民经济和社会发展第十四个五年规划和二〇三五年远景目标的建议》中提到，要使"社会主义核心价值观深入人心，人民思想道德素质、科学文化素质和身心健康素质明显提高，公共文化服务体系和文化产业体系更加健全，人民精神文化生活日益丰富，中华文化影响力进一步提升，中华民族凝聚力进一步增强"②。这将有助于建设一个人人有责、人人尽责、人人享有的社会治理共同体。

一、研究背景

中国共产党成立以来，始终把马克思主义基本原理同中国国情紧密结合，不断开辟马克思主义中国化新境界。在党的十八大报告中，我们党对社会主义核心价值观的内涵进行了最新的概括，在《关于培育和践行社会主义核心价值观的意见》中提出了二十四字核心价值观，即倡导富强、民主、文明、和谐，倡导自由、平等、公正、法治，倡导爱国、敬业、诚信、友善，积极培育和践行社会主义核心价值观。富强、民主、文明、和谐，是国家层面的价值目标；自由、平等、公正、法治，是社会层面的价值取向；爱国、敬业、诚信、友善，是公民个人层面的价值准则。这二十四个字的核心内容包含了三个层面："富强、民主、文明、和谐"是我国社会主义现代化国家的建设目标，在社会主义核心价值观中居于最高层次；"自由、平等、公正、法治"反映了中国特色社会主义的基本属性；"爱国、敬业、诚信、友善"

---

① 习近平. 决胜全面建成小康社会 夺取新时代中国特色社会主义伟大胜利——在中国共产党第十九次全国代表大会上的报告［M］. 北京：人民出版社，2017：42.
② 中共中央关于制定国民经济和社会发展第十四个五年规划和二〇三五年远景目标的建议［M］. 北京：人民出版社，2020：8.

体现了公民基本道德规范。党的十八大提出的这"三个倡导"相互联系、相互渗透，集中表现在国家、集体和个人的价值目标一致，并在国家、集体、个人三个方面涵盖了社会主义制度，构成了一个有机的价值观整体。

（一）社会主义核心价值观是中国特色社会主义理论新成果

"社会主义核心价值体系""怎样建设社会主义核心价值体系"都是党的十六届六中全会首次提出的主要内容，自提出该概念以来，关于"核心价值观"和"社会主义核心价值体系"的研究在 2015 年以后呈直线上升趋势。社会主义核心价值观是社会主义核心价值体系中最为基础和重要的价值观念，它为社会主义社会科学发展提供了价值导向，是马克思主义、毛泽东思想和中国特色社会主义理论体系的价值体现和集中表达，是对以爱国主义为核心的民族精神、以改革创新为核心的时代精神、社会主义荣辱观的总结升华，是马克思主义中国化的成果之一和高度价值所在。

1.　国家制度层面

倡导富强、民主、文明、和谐，从国家制度层面揭示了社会主义核心价值观的价值取向和追求目标。人之所以为人，不在于其对自然的、物质的和社会的需要，而在于其精神的需要，在于其实现自身价值的追求。同样，任何一个社会也都有其价值追求目标。在中国共产党百年辉煌历程中，我们党始终坚持通过"民族独立，人民解放""国家富强，人民幸福"追寻自身的价值。在社会主义现代化建设过程中，中国共产党带领中国人民在物质文明建设和精神文明建设等方面不断提升，实现了全面建成小康社会这一伟大目标。经济发展是文明存续的有力支撑，繁荣富强是国家进步的重要基石。如今，中国在追求实现"富强、民主、文明、和谐"的目标过程中，推动物质文明、精神文明、社会文明、政治文明、生态文明更加和谐发展。同时，随着我们党坚持科学执政、民主执政、依法执政，完善党的领导方式和执政方式，提高党的执政能力和领导水平，不断提高党把方向、谋大局、定政策、促改革的能力和定力，国家具有高度民主，政治文明、物质文明和精神文明愈加丰富，社会主义核心价值观得到积极弘扬与践行。这是中华民族一代又一代子子孙孙的梦想所在，也需要人们努力凝聚力量，努力维护社会和国家和谐发展。

古往今来，过上幸福美好生活始终是人类孜孜以求的梦想。在几千年文明发展史上，人类创造了灿烂的文明成果，但战争和冲突从未间断，加上各种自然灾害、疾病瘟疫，人类经历了无数的苦难，付出了惨痛的代价。当前，互联网、大数据、云计算、量子卫星、人工智能迅猛发展，人类生活的关联前所未有，同时人类面临的全球性问题数量之多、规模之大、程度之深也前所未有。世界各国人民前途命运越来越紧密地联系在一起。文明因多样而交流，因交流而互鉴，因互鉴而发展。尤其是在当今世界，我们更加需要充分挖掘有中国特色的软实力，把社会主义核心价值观贯穿精神文明建设全过程，向全世界展现我国社会主义发展进步的亮点和优势。作为富强、民主、文明、和谐的核心价值观，反映了中国特色社会主义的价值观与社会主义核心价值体系的本质，是 14 亿中国人民在中国共产党领导下的价值理想以及理想方式的表达。因而，社会主义核心价值观具有的强大精神动力，是凝聚人心、汇聚民力的强大力量，充分展现了中华文明的深厚底蕴。

2. 社会集体层面

倡导自由、平等、公正、法治的价值观，从社会集体这个宏观层面上展示了社会价值的核心价值取向以及追求的最终目标。建设中国特色社会主义核心价值体系，并促进中国特色社会主义核心价值体系的改革与发展，必须积极主动地吸收在人类历史上发挥过积极作用的所有杰出的科学理论。无论是实行改革开放，还是发展市场经济，其历史经验与教训告诫我们，追求繁荣、民主、文明与和谐的社会主义力量，必须拥有自由、平等、公正、法治的社会主义核心价值观。

1978 年党的十一届三中全会以来，党和国家带领我们解放思想、实事求是，摸着石头过河，开创出了崭新的新篇章。"从实行家庭联产承包、乡镇企业异军突起、取消农业税牧业税和特产税到农村承包地'三权'分置、打赢脱贫攻坚战、实施乡村振兴战略，从兴办深圳等经济特区、沿海沿边沿江沿线和内陆中心城市对外开放到加入世界贸易组织、共建'一带一路'、设立自由贸易试验区、谋划中国特色自由贸易港、成功举办首届中国国际进口博览会"[①]；从引进国外资金、技术、人才和管理经验到把我国产品、科技等投放国际市场；从经济体制改革到全面深化改革，各项惠民政策陆续实施，经济、政治、文化、社会、生态文明建设取得巨大成就，使改革开放成为当代中国最亮眼的一张明信片。

自由、平等、公正、法治不仅是中国特色社会主义的基本特性与马克思

---

① 习近平. 在庆祝改革开放 40 周年大会上的讲话 [N]. 人民日报，2018－12－19（02）.

主义的基本要求，也是中国共产党人科学发展、以人为本、执政为民的生动实践体现，更是在实践中体现了共同的价值追求。如在基础科学研究领域，我们党提倡要遵循科学规律，以探索世界奥秘的好奇心来驱动、鼓励自由探索和充分地交流辩论。随着我国社会主义市场经济体制的进一步深入、社会主义民主政治的进一步发展和绝大多数人的民主法治观念越来越强，公正感、幸福感等观念越来越深入人心。如加强全球公共卫生治理，人类终将战胜疫情，但重大公共卫生突发事件对人类来说不会是最后一次。要针对这次疫情暴露出来的短板和不足，完善公共卫生安全治理体系，提高突发公共卫生事件应急响应速度，建立全球和地区防疫物资储备中心。中国支持在全球疫情得到控制之后，全面评估全球应对疫情工作，总结经验，弥补不足。这项工作需要科学专业的态度，需要世卫组织主导，坚持客观公正原则。

同时，世界经济深刻调整，保护主义、单边主义抬头，经济全球化遭遇波折，多边主义和自由贸易体制受到冲击，不稳定不确定因素依然很多，风险挑战加剧，我们必须更加自觉地将自由、平等、公正、法治等观念深深植入到我们党和国家的各项理论政策和实践措施之中。只有国家富强民主，群众广泛参与政治生活，才有可能在 2035 年基本实现社会主义现代化远景目标，基本实现国家治理体系和治理能力现代化，人民平等参与、平等发展权利得到充分保障，基本建成法治国家、法治政府、法治社会。正如习近平总书记强调的，用最严格的制度、最严密的法治保护生态环境，推动我国生态文明建设迈上新台阶，不断增强战略思维、辩证思维、创新思维、法治思维、底线思维，坚持方向不变、道路不偏、力度不减。

3. 公民个人层面

从公民个人层面提倡爱国、敬业、诚信、友善，表明了社会主义核心价值观的价值取向和目标追求。个人层面，首先要求公民具有一颗爱国之心。爱国是一个人最主要的道德要求和最基本的价值观，是对我国传统爱国主义的继承和发扬。如伟大的抗疫精神，就是同中华民族长期形成的特质禀赋和文化基因一脉相承，是爱国主义、集体主义、社会主义精神的传承和发展，是中国精神的生动诠释，丰富了民族精神和时代精神的内涵。又如高校教育者坚守为党育人、为国育才，培养学生爱国情怀、社会责任感、创新精神、实践能力，在加快推进教育现代化的新征程中培养担当民族复兴大任的时代新人。总之，厚植爱国情怀，完善大学生的道德品质，培育理想人格，展现中华文化的无穷魅力和时代风采，是时代永恒的主题。敬业，是职业道德的核心要求，是人民对工作奉献精神的体现，是我们党高度负责、全心全意为人民服务的最明显体现；诚信和友善，是中华民族优秀道德传承最重要的道德要求和核心价值之一，要深入推进诚信社会建设，不断提高人民道德水准和文明素养，这都与中华民族的伟大复兴、市场经济与社会的良性发展紧密相连。

爱国、敬业、诚信、友善的价值追求既是中华优秀传统文化的智慧结晶，也是马克思主义中国化的理论成果的重要彰显。它不仅强调了公民应当遵守的中国特色社会主义道德价值观，更强调了社会主义国家公民的核心价值观和道德要求，包括公民的职业道德要求和政治道德要求。树立社会主流价值观，提高公民价值观、道德观教育水平，是我们面对当前社会和经济利益分配多元化的必然选择，是不断满足人们对美好生活需要的必然选择，是当今多元思想文化相互碰撞局面的必然选择。在世界经济全球化和社会主义现代化建设的背景中，人民群众认识到了经济发展带来的利益和效率，对金钱的追求和追逐逐渐狂热，甚至渐渐演变成了拜金主义、个人主义的倾向。不过，总的来说，大部分人民群众依然继承了中华民族传统美德的精华。因此，大力培育和倡导社会主义核心价值观，提高公民的思想道德水平，才能使人们在社会主义现代化建设和改革开放过程中贡献自己的力量。

（二）培育新时代青年大学生社会主义核心价值观的必要性与紧迫性

在《青年团的任务》一文中，列宁指出："青年一代努力的结果将建立一个与旧社会完全不同的社会，即共产主义社会。"[①] 青年大学生的未来发展不仅关系着社会主义现代化建设，也关系着国家未来社会文明道德风尚的发扬和传承。青年大学生的成长不仅关乎个人的发展与家庭的期盼，更关乎国家的命运与民族的兴亡。青年在未来的建设过程中担负着艰巨的任务，只有完善青年大学生自身的综合素质，运用科学的世界观和方法论，提高青年大学生的世界观、方法论，才能在今后的工作、生活和学习中发挥积极作用。当代青年大学生社会主义核心价值观的培育，既受大学生们自身的发展情况影响，也与国际环境和国内需求密不可分。

---

① 中共中央马克思恩格斯列宁斯大林著作编译局. 列宁专题文集（论无产阶级政党）［M］. 北京：人民出版社，2009：278.

1. 大学生处于价值观形成的关键时期

党的十九届五中全会指出，"当前和今后一个时期，我国发展仍然处于重要战略机遇期，但机遇和挑战都有新的发展变化。当今世界正经历百年未有之大变局，新一轮科技革命和产业变革深入发展，国际力量对比深刻调整，和平与发展仍然是时代主题，人类命运共同体理念深入人心，同时国际环境日趋复杂，不稳定性不确定性明显增加"①。纵观整个世界，不难发现随着近些年国际政治经济的发展，全球范围内错综复杂的政治经济文化问题都在爆发，世界经济全球化之后，世界的格局尤其变得动荡不安，各个领域的矛盾、冲突、战争都在陆续发生。以规则为基础的多边体系进一步受到冲击，大国关系进入未知领域，特别是个别发达的资本主义国家，在科技、军事等方面有着先天和后天的优势，它们利用这些优势企图通过思想政治等文化层面的价值观影响我国的青少年，从而妄图达到"和平演变"之目的。就国内来说，我国国内形势也正在发生着巨大的变化。我国社会主要矛盾已经转化为人民日益增长的美好生活需要和不平衡不充分的发展之间的矛盾，尤其是，国内城乡经济发展不协调、居民个人收入差距不平衡等问题也愈加凸显。另外，国内的就业问题、居民社会保障、住房、教育医疗、社会治安、食品安全以及腐败等社会问题也不断出现，这些制约社会和谐发展的问题严重影响了人们对于社会主义和谐社会建设和发展的积极性。面对盘根错节的国际形势、任重道远的国内改革发展任务，我国迫切需要提出一系列切实可行的价值规范和行为准则，以供全体公民参照并实践。特别是对于正处于人生观、价值观形成关键时期的青年大学生，塑造价值观过程中更需要社会主义核心价值观的引领，使其形成健康的世界观、人生观、价值观，成长为德智体美劳全面发展的高素质型人才。

党的十九大对我国发展提出了更高的奋斗目标，形成了从全面建成小康社会到基本实现现代化、再到全面建成社会主义现代化强国的战略安排，发出了实现中华民族伟大复兴中国梦的最强音。无论过去、现在还是将来，对马克思主义的信仰、对中国特色社会主义的信念、对实现中华民族伟大复兴中国梦的信心，都是指引和支撑中国人民站起来、富起来、强起来的强大精神力量。大学生是国家未来所在，是国家栋梁，是我国改革开放深入发展以

---

① 中共中央关于制定国民经济和社会发展第十四个五年规划和二○三五年远景目标的建议[M]. 北京：人民出版社，2020：3.

及社会主义现代化强国建设的重要继承者和开拓者。从一定程度上来讲，大学生的精神面貌和人生价值取向，决定着国家的走向和社会的文明程度，世界观、人生观、价值观、方法论以及理想信念都是我国繁荣富强的基础，决定着国家和民族的未来，事关中华民族伟大复兴的战略全局。"德者，本也"，"若无德，则虽体魄智力发达，适足助其为恶"，青年大学生只有树立正确的世界观、人生观和价值观，才能为今后的做人、做事打下一定的基础，才能为社会主义现代化建设添砖加瓦。

青年大学生风华正茂，其心理发展显现出自我意识显著增强的特点。在情绪方面，丰富却又不稳定，并且容易受到周边环境变化的影响，控制不了自己的情绪。在认知方面，有很强的求知欲和严谨的逻辑思维，充满创新意识，却又因为生活经验有限，缺乏对事物分辨的能力，尤其是对事物认识比较感性，缺乏一定的识别和鉴定能力。青年大学生正处于世界观、人生观、价值观等观念的形成和成熟时期，只有加强青年大学生社会主义核心价值观的教育，才能使其更加熟练地运用科学的社会主义核心价值观指导他们的事业和学业。习近平总书记在纪念五四运动 100 周年的讲话中指出："青年是整个社会力量中最积极、最有生气的力量，国家的希望在青年，民族的未来在青年。"① 青年大学生是青年群体中的中坚力量，肩负着实现国家富强、民族复兴、人民幸福的时代重任。因此，高校必须加强对新时代青年大学生的核心价值观教育，注重提升新时代青年大学生的思想道德修养，扣好他们人生中的每一粒"扣子"。

2. 新时代大学生价值观的现状分析

改革开放 40 多年来，人民物质生活得到极大改善的同时，日益成熟的网络给年轻人打开了一个全新的世界。来自西方资本主义国家的思想和文化观念，伴随着互联网的发展无孔不入，给新时代大学生的物质层面和精神层面带来了深远的影响，进而改变了新时代大学生的行为。互联网深刻改变了人类交往方式、社会观念、社会心理、社会行为。一个现代化的社会，应该既充满活力又拥有良好秩序，呈现出活力和秩序有机统一。从整体上来说，我国新时代青年大学生拥有积极向上的主流价值观，表现出对我们党的坚决信任和拥护，对国家的未来充满了信心。他们认同党和国家的领导，愿意积极响应国家的各项政策和措施，并贡献自己的一份力量。当前，我国经济已

---

① 习近平. 在纪念五四运动 100 周年大会上的讲话 [N]. 人民日报，2019−05−01（02）.

由高速发展阶段转向高质量发展阶段转变，如何谱写高质量发展的新篇章至关重要。因此，新时代大学生价值观的形成有很大的可塑性。中国社会正处于价值观变革的时代，社会现象异彩纷呈，同时也可能引发人们思想的迷茫和社会的不稳定。随着时代的迅猛发展，国内外各种文化价值观的渗透，不可避免会对新时代大学生价值观的形成产生深远影响。

在社会价值观领域，大学生普遍自我中心意识较强。当今社会，新时代大学生面临着价值选择危机。新时代大学生作为直接参与社会变革与发展的有生力量，他们所面临的价值选择危机在当今多元文化及全球化现状下尤其应当被重视。随着全球化进程的不断推进，世界范围内的思想文化激荡无法避免，各国文化相互交融，各种思潮风起云涌，新时代大学生的价值观和心态也变得更为复杂、开放、多样。"历史虚无主义、新自由主义、宪政主义、普世价值观等不良思潮对大学生进行渗透与侵蚀，消解着其对中国特色社会主义道路、理论、制度、文化的认同。市场经济逐利性的负面效应会驱动一些学生出现功利化倾向，甚至形成拜金主义、极端个人主义、精致利己主义等错误价值观。"[1] 在人生价值目标上，他们普遍追求健康、事业、爱情与家庭，同时存在着重金钱实惠、轻理想追求的现象；在人生态度上，他们具备一定的道德认知，但却有不少人的实际行为与之脱节；在人生价值评价上，其评价标准表现出诸如以集体主义的价值标准评判别人，以利己主义的标准评判自己的矛盾性和双重性；在人生价值手段与途径上，他们具有求真务实精神，但仍难调和团队精神、合作意识与个人奋斗、自我完善意识的矛盾冲突。于是，自我难以调整的内心深处的迷惑和多元文化带给社会的冲击和难题等等造成了青年大学生社会价值观的选择困惑。

新时代的大学生最注重提高自己的综合能力，但"很多大学生都进入了'学习成绩就是能力'的误区，把身边的同学都作为竞争对手，既不愿意交好，更不愿意融入，集体奉献精神更是欠缺，导致大学生集体，小到班级，大到学校，学习氛围浓厚但人际关系僵化"[2]，甚至有些大学生抵挡不住外界的诱惑，形成了扭曲的世界观、人生观和价值观，对自身将来的发展不利。因此，在多元文化及全球化浪潮冲击国内主流价值观之际，我们亟须以社会主义核心价值观为抓手，在大学生群体间构筑起坚强的思想防线以进行

---

① 樊爱霞. 价值认同视域下的新时代大学生社会主义核心价值观教育［J］. 教育理论与实践，2020（36）：32.

② 杨鑫. 当代社会思潮对大学生核心价值观的影响［J］. 高教学刊，2021（04）：172.

积极引导，并且将社会主义核心价值观的培育植入青年大学生的平时生活、学习以及工作中。

总而言之，国际形势中不稳定不确定因素增多，世界经济形势复杂严峻。国内存在居民消费仍受限制、投资增长后劲不足、稳就业压力较大、关键领域创新能力不强、民生领域还有短板等问题。国家面临着重大的来自国内政治经济发展的不平衡以及国外不和谐稳定的破坏势力的双重压力，新时代大学生应当在此过程中表现出高度的警惕和觉悟，主动承担起在此阶段的重要责任。"志不立，天下无可成之事。"习近平同志曾指出："理想信念动摇是最危险的动摇，理想信念滑坡是最危险的滑坡。"① 广泛开展理想信念教育，大力弘扬社会主义核心价值观，深入开展爱国主义、集体主义、社会主义教育，将广大人民凝聚在中国特色社会主义伟大旗帜之下。所有这些，都是我们党基于中国特色社会主义事业的文化自觉和自信做出的重大判断，是对社会主义建设规律认识的深化，也是保证我国社会长治久安的战略举措。作为培育和践行社会主义核心价值体系最主要、最核心的重要群体，新时代大学生担负着重要的责任，扮演着重要的角色，要发挥对社会现代化物质文明和精神文明建设的引领作用。社会主义核心价值观的培育，有助于帮助新时代大学生建立更加健康积极向上的世界观、方法论，更有利于坚定其对我们党和政府、中国特色社会主义现代化建设和改革开放的信心和责任感。与此同时，"大学生对社会主义核心价值观认同的不断提升，还能够帮助其稳定心态，提升其抵御不良信息侵袭和干扰的能力"②。大学生通过较为透彻的理论学习，能够切实感受社会主义核心价值观的人民性、真理性和价值性，从而增强践行社会主义核心价值观的行为驱动，"做到知行合一、以知促行、以行求知，正所谓'知者行之始，行者知之成'"③。这不仅仅关系到新时代大学生社会主义核心价值观的践行问题，更关系到新时代大学生的自身发展和祖国未来的事业发展。大学生正处在价值观形成且成熟的阶段，只有注重平时的引领和指导，才能帮助其建立科学的价值观，为国家的建设注入不竭的动力，产生强劲的脉搏。同时，新时代大学生只有在这一时期没有错过用心良苦的培育，才能在今后的人生中运用该科学的世界观和方

---

① 中共中央文献研究室. 十八大以来重要文献选编（上）［M］. 北京：中央文献出版社，2014：339.

② 刘兴华. 新时代大学生社会主义核心价值观认同培育探索［J］. 学校党建与思想教育，2021（03）：53.

③ 习近平. 在北京大学师生座谈会上的讲话［N］. 人民日报，2018-05-03（02）.

法论，为中国特色社会主义建设发展贡献自己新的伟大力量。

二、研究意义

（一）理论意义

第一，有利于增强理论自觉和理论自信。当前，我们置身于一个既充满机遇又充满无限挑战的时代，这就需要我们创新新时代大学生社会主义核心价值观培育机制，以更高的理论自觉和更坚定的理论自信来推动培育机制理论不断创新，以适应新时代发展要求，加快推进教育现代化。

第二，有利于坚持中国特色社会主义制度建设。意识形态工作是党的一项极端重要的工作，高校是党的意识形态工作的重要阵地。加强党对高校工作的全面领导，建设具有强大凝聚力和引领力的社会主义意识形态，要推进大学生社会主义核心价值观教育培育机制更加深入的研究。

（二）现实意义

在我国社会主义发展过程当中，以美国为代表的西方价值观不断输入并冲击着我国的文化环境，社会主义核心价值观的培育践行已成当务之急。我国想要实现社会主义发展，不仅要与人比"拳头"拼硬实力，还应拼软实力，提升文化的影响力和感召力。在一个不断发展的社会环境当中会存在多种多样的价值观念，想要将它们凝聚成一股强大力量，就必须在当前政治制度及经济环境基础之上，建立一套凝聚社会共识的核心价值观，坚定地走中国特色社会主义道路就必须要凝聚社会主义内核，培育和践行社会主义核心价值观，激励全党全国各族人民为全面建成小康社会、夺取新时代中国特色社会主义伟大胜利、实现中华民族伟大复兴的中国梦而继续奋斗。

第二节　相关文献研究述评

党的十八大提出要倡导富强、民主、文明、和谐，倡导自由、平等、公正、法治，倡导爱国、敬业、诚信、友善，积极培育和践行社会主义核心价值观。这个概括，实际上也回答了培育什么样的大学生的重大问题。那么，新时代培育大学生的核心价值观需要什么理论基础？课堂教学中核心价值观培育的内容是什么？培育的实践成效如何？这就是本书拟探讨和解决的主要问题。

一、国内研究述评

国内关于社会主义核心价值观培育的理论成果颇丰，学术理论界的专家学者就这一重大理论与现实问题进行了全方位的研究。直至 2021 年，在中国知网（CNKI）以"社会主义核心价值观"为关键词进行查询，共搜索到相关记录近 46000 条。本书主要以社会主义核心价值观培育研究为视角进行成果梳理，并在此基础上对大学生社会主义核心价值观培育的研究成果加以总结分析。

（一）大学生社会主义核心价值观教育内涵及基本内容研究

刘进田在《核心价值观与现代国家构建的正当性逻辑》中指出："国家核心价值观是构建现代性国家的灵魂，社会主义核心价值观是构建现代性国家的根本，公民核心价值观是构建现代性国家的基础。"[1] 吴潜涛在《社会主义核心价值观的含义及其培育和实践的意义》中指出："社会主义核心价值观是与资本主义个人主义核心价值观根本对立的社会主义集体主义价值观，它是社会主义核心价值观体系最深层的精神内核，是社会主义核心价值体系建设的落脚点和归宿。"[2] 刘兴华在《新时代大学生社会主义核心价值观认同培育探索》中提出，新时代背景下，大学生社会主义核心价值观认同培育应以进一步提升大学生对社会主义核心价值观的道义认同、心理认同、行为认同为目标，以展示社会主义核心价值观的道义力量和价值功能。刘云山在《着力培育和践行社会主义核心价值观》中指出："社会主义核心价值观体现了社会主义意识形态的本质要求，体现了社会主义制度在思想和精神层面的质的规定性，凝结着社会主义先进文化的精髓，是中国特色社会主义道路、理论体系和制度的价值表达，是实现中华民族伟大复兴的中国梦的价值引领。"[3]

---

① 刘进田. 核心价值观与现代国家构建的正当性逻辑 [J]. 清华大学学报，2016（03）：103.
② 杨振斌，吴潜涛. 厦门大学马克思主义论丛：第 2 辑——思想政治教育新探索 [M]. 北京：中国社会科学出版社，2013：501-502.
③ 刘云山. 着力培育和践行社会主义核心价值观 [J]. 求是，2014（02）：3.

（二）大学生社会主义核心价值观培育现状研究

关于大学生社会主义核心价值观培育现状研究主要分为两方面，以问题为导向展开了系统研究。例如王晨艳、李奎刚在《大学生社会主义核心价值观认同分析与培育着眼点》中既充分肯定了社会主义核心价值观的科学性，并承认其重大影响，又通过调查研究指出了培育工作的一些缺陷。王易、田雨晴在《习近平对培育和践行社会主义核心价值观的新贡献》中指出"今日中国，马克思主义的一元指导地位面临社会思潮多元、多样、多变的挑战日益凸显，培育和践行社会主义核心价值观面临市场经济逐利性、竞争性、自发性、自由性的挑战日益凸显"① 等问题。左殿升、冯锡童在《新时代大学生社会主义核心价值观认知认同实证研究——以全国 30 所高校为例》中指出，通过对全国 30 所不同类型高校学生的实证调研发现，"高校青年学生在社会主义核心价值观认知认同上总体向好，认同度较高，但也存在理解不深、情感不高、阵地不牢、效度不足等问题"②。总的来说，大学生社会主义核心价值观培育取得了一些成果，但是仍有很多不足之处亟须我们去改进。

（三）大学生社会主义核心价值观培育路径研究

关于青年大学生的价值观培育方面，众多学者基本达成一致意见，认为高校必须坚定不移地保持正确方向，并使社会主义核心价值观真正地内化为大学生自身的价值观念和道德取向。在当前社会背景下，青年大学生的价值观培育问题是一个严峻的挑战和任务，只有从当前背景出发，结合新时代青年大学生的实际情况，才能帮助高校建立良好的青年大学生核心价值观培育策略。如高大红等人在《社会主义核心价值观融入高校教育教学的思考》一文中指出："高校将社会主义核心价值观融入教育教学全过程必须要把握时代脉搏，认清社会主义核心价值观的统领作用，转型教育思想理念，改造培养体系，创新系统化、标准化、逻辑化和时代化的社会主义核心价值观培养

---

① 王易，田雨晴. 习近平对培育和践行社会主义核心价值观的新贡献［J］. 马克思主义研究，2019（11）：41—42.
② 左殿升，冯锡童. 新时代大学生社会主义核心价值观认知认同实证研究——以全国 30 所高校为例［J］. 思想教育研究，2019（03）：70.

模式，从而打造和夯实高校思想领域的底蕴和基础。"① 应采取多种手段进行社会核心价值观建设。李欣怡、任成孝、高鑫在《国外学生核心价值观教育研究及其当代启示——基于马克思主义核心价值观的思考》中提出："当前，国外核心价值观教育实施注重课堂教育与实践活动相结合、显性教育与隐性熏陶相统一，注重宗教与法制、政党和政府的主要作用以及民间组织和团体的广泛参与。"② 刘康、韩建旭在《国外培育核心价值观的实践及其启示——以美国、韩国和新加坡为例》一文中指出："美国、韩国和新加坡等国在培育核心价值观的实践中，有着注重政府引导、重视教育熏陶、倡导社会参与、提供法制保障等共同特点和经验。"③ 张伟在《国外加强社会核心价值观建设的做法及启示》中指出："国外加强社会核心价值观建设的主要做法有：立足本国传统，吸收时代精华；注重宗教、法治、教育、舆论等手段；政府主导与民间组织参与相结合；政党成为各国倡导和建设社会核心价值观的发起者与统领者。"④

总之，国内多数研究成果认为基于多元化社会思潮背景下，大学开展社会主义核心价值观教育的主要意义，是让大学生在面对价值困惑时学会取舍和选择，在价值实践中学会自律；同时，提出运用新媒体技术，将显性教育与隐性教育相结合、认知教育与情感教育相结合、优化教育环境与整合教育资源相结合，促成大学生价值观教育的整合与内化。

二、国外研究述评

不同国家不同地区社会核心价值观教育内容有所区别。21 世纪以来，为应对文化多元化、价值观分歧和"核心价值观危机"带来的负面影响，世界各国纷纷采取措施加强本国的核心价值观教育，特别是美国、俄罗斯、法国、英国、德国、日本、韩国、马来西亚、澳大利亚、新西兰等国家先后出台政策，采取有力措施加强本国的核心价值观教育。以美国为代表的西方资

① 高大红，王伟，刘芳，等. 关于将社会主义核心价值观融入高校教育教学的思考 [J]. 思想教育研究，2017（01）：51.
② 李欣怡，任成孝，高鑫. 国外学生核心价值观教育研究及其当代启示——基于马克思主义核心价值观的思考 [J]. 教育理论与实践，2015（13）：42.
③ 刘康，韩建旭. 国外培育核心价值观的实践及其启示——以美国、韩国和新加坡为例 [J]. 探索，2015（04）：175.
④ 张伟. 国外加强社会核心价值观建设的做法及启示 [J]. 当代世界与社会主义，2011（02）：158.

本主义国家，其核心价值观在内容上有共同之处，都强调自由、民主、人权、法治等内容，普遍奉行个人主义价值观。因此，它们的核心价值观是以个人主义价值观为基础的民主、自由、平等、人权等价值范畴。以新加坡、日本、韩国等为代表的亚洲国家的核心价值观既有东方历史文化的背景，又深受西方文化的影响。这些国家的核心价值观与中国传统儒家哲学文化有一定渊源，其特点是以东方传统文化为基础，又吸收西方的民主、法治等价值观。朝鲜、古巴、越南等社会主义国家坚持社会主义制度，其核心价值观因各自国情不同，发展程度也不同，各有特点，总的来说都坚持马克思主义核心价值观教育。

国外相关研究主要集中于大学生公民教育、通识教育等方面，其基本共识是社会主义核心价值观是中国共产党与时俱进设计出的治国哲学和行动规划，对内有凝聚力，对外有竞争力。社会主义核心价值观位居人们意识世界和精神生活的高处，用中国梦为青年未来的行动做出规划，有利于推动其恢复在历史上的世界强国地位。而习近平新时代中国特色社会主义思想是根据世界的变化发展适时提出的促进大学生通识教育全面发展的重要理论指导。国外研究多是基于西方话语范式解读中国命题，将社会主义核心价值观与大学生的奋斗精神、奋斗实践进行泛化解析，甚至出现价值曲解。

第三节　研究思路与主要内容

一、研究思路

本书坚持历史与逻辑相一致、理论与实践相统一、理想与现实相结合的原则，对新时代大学生社会主义核心价值观培育的若干重大问题进行综合性研究，力求在文献梳理基础上，拓展对新时代大学生社会主义核心价值观培育的研究视野和深度，深化对社会主义核心价值观培育本质规律的认识。

二、主要内容

第一，新时代大学生社会主义核心价值观培育的理论阐释研究。主要包括社会主义核心价值观的本质内涵、基本内涵、新要求和新方略。一是社会主义核心价值观的内涵、主要研究内容及结构、基本特性；二是核心价值观的基本内涵主要包括中国共产党的光荣传统和优良作风、中国优秀传统文化、新时代中国特色社会主义以及人类文明进步与世界和平发展的实践基础，新要求和新方略包括新时代的鲜明特色、新使命的时代担当、新判断的迫切任务以及新思想的重要意义。

第二，新时代大学生社会主义核心价值观培育的历史进程及其内在规律。主要包括历史进程、内在规律和当前困境。当前大学生社会主义核心价值观培育经历了初步探索、平稳发展、高速发展和高质量发展四个阶段。内在规律有马克思主义信仰的价值旨归、党的领导核心、社会主义的制度依托和立德树人的根本目标。困境包括培育内容不平衡、培育环境复杂多变、培育主体特殊和培育方法缺乏创新。

第三，新时代大学生社会主义核心价值观培育的实践路径。主要包括社会主义核心价值观培育的载体方式和方法运用。其中，载体方式包括实践载体、网络平台以及需要调动学校、家庭、社会的培育合力。而运用的方法主要是通过高校课堂主阵地统筹好办法、整体性创新实践基地改进老办法、贯通式采用现代新技术挖掘新办法等。

第四，新时代大学生社会主义核心价值观培育的长效机制。主要包括新时代大学生社会主义核心价值观培育的激励机制和支撑机制。其中激励机制包括要建立"实现利益诉求、形成正向闭环"的激励机制、高校党建工作责任制以及完善组织领导制。支撑机制包括加强核心价值观的教育体系构建、强化育人队伍建设和建立成效反馈机制等。

第四节　研究方法与主要创新点

一、研究方法

党的十九大报告作出了中国特色社会主义进入新时代的伟大判断。"面对新时代的新征程、新形势、新目标，大学生社会主义核心价值观培育工作在新的历史方位下需着眼于进一步纵深发展，因事而化、因时而进、因势而新。"① 在本书中，我们综合运用了过程分析法、比较分析法、定性分析法、文献研究法等多种研究方法以期对新时代大学生社会主义核心价值观的培育进行全面性的掌握与论述。

（一）过程分析法

过程分析法就是用发展的眼光来看待事物或结果，重点分析其如何发生、如何发展及未来趋势的研究方法。过程分析法强调的是动态而不是静态，这就要求我们以新时代大学生社会主义核心价值观培育的过程为切入点，既要关注培育过程中存在的各种矛盾和问题，更要辩证地、系统地分析产生培育困境的深层次原因。也可以说，这种分析方式是从曾经发生的事件入手，不是简单重复已发生过的事情，而是从历史中寻找某些共同、共通的道理和规律，并将其规律应用于现在或将来的事件发展中，由此获得相应的结果，这便是过程分析法的独特之处。而本书在运用过程分析法研究新时代大学生的社会主义核心价值观培育的过程中，就是将新时代大学生的核心价值观培育放在一个过程中进行研究和探讨，这样既能将其作为一个发展过程来研究，也能将其作为一个发展结果来考察，充分运用了过程分析方法的独特之处。而新时代大学生的价值观是一个十分复杂又多变的过程，只有将其作为一个过程进行严格控制和观察，才有可能将其较好地纳入培育体系之中。

（二）比较分析法

所谓"比较"，即"确定事物之间相同点和相异点的方法"。比较分析法，是社会科学研究的基本方法之一，是确定事物之间异同关系的一种思维过程和方法，也是矛盾的同一性和对立性的直观运用。在大学生社会主义核心价值观培育的研究中，比较分析法简单来说就是在同一中寻找异处，在异处中寻求同一。本书综合运用比较分析方法，旨在发现新时代大学生在社会主义核心价值观培育的过程中遇到的各类问题和情况，以探讨培育过程中的种种措施和方案是否有效。

对大学生核心价值观的培育进行因果比较分析。我们知道万事万物都存

① 刘兴华. 新时代大学生社会主义核心价值观认同培育探索［J］. 学校党建与思想教育，2021（03）：53.

在着因果关系，这些因果关系是必然且客观存在的，同样也是辩证存在着的。要寻找青年大学生社会主义核心价值观形成的原因和结果就必须展开详细而又全面的调查和分析。因此，在针对青年大学生的价值观分析过程中应当注重对关系的分析和整理，注意梳理新时代大学生的价值观现状，将极其错综复杂的关系变得清晰明了。

对大学生核心价值观的教育进行系统比较分析。运用系统比较分析方法来探讨青年大学生社会主义核心价值观培育问题是必要之举，因为运用该方法能有效地将新时代大学生社会主义核心价值观的培育过程作为一个比较全面的系统来考察，能充分达到分解要素、系统等部分和整体的功效，从而实现全面的协调。系统全面的分析有利于新时代大学生社会主义核心价值观的培育，但是要做到系统全面需要扎实的理论和实践基础，能够透过事物的表面看清事物的本质。

对大学生核心价值观的构建进行纵向比较分析。将我国不同时期的大学生价值观教育的特点进行比较分析，进而揭示出其历史性发展的规律和机理，为现今社会主义核心价值观培育提供借鉴。不同时期的大学生由于处在不同的时代和经济背景下，导致其经济环境背后的政治文化局面也大不相同。对新时代大学生进行社会主义核心价值观培育，应当注重对新时代大学生所处的环境和背景进行深入的分析和探索，只有在了解背景的前提下才能进行纵向的比较分析。另外，在纵向比较分析的过程中应当对前人研究的精华采纳和发扬，将传统且过时的部分祛除。

对大学生核心价值观的构建进行逆向比较分析。逆向比较分析法，即采取逆向思维的方式进行比较分析。在本书中，为探讨新时代大学生核心价值观形成的过程，我们不仅需要从一般思维来分析，也需要从影响其接受的因素入手来进行比较分析，从而发现新时代大学生社会主义核心价值观构建的重要内容，从新时代大学生核心价值观的现状即结果出发，按一定的线索和条理分析、研究新时代大学生价值观培育现状的原因。

（三）定性分析法

定性分析方法是指根据研究者的认识和经验确定研究对象是否具有某种性质或某一现象变化的过程及变化的原因。从字面上也不难以理解，定性研究比较注重对事物的过程和发展的描述和解释，一般是定量研究的前提和基础。通常是在刚开始某一领域的研究才运用该方法，或者在研究一些难以量化的课题时常常需要运用此种方法来分析。总而言之，该方法已经广泛运用于众多的国内外研究中，国内的大部分社科文学类的研究都采用该方法。该方法的好处在于能够对研究的主题及其现状分析得比较清楚和到位，并且能够发现一定的理论和模型。但是，该方法依然存在一定的不足之处，比如，在研究中缺乏实证类的"定量分析"，光有道理而没有调查数据之类的证据，这对研究本身来说降低了信度与效度。本书之所以采用此定性分析法，主要是因为在塑造新时代大学生的价值观过程中将会遇到各式各样难以预料的因素，且这些因素无法用确定的要素来表达，因此在整体上需要把握研究内容的基本性质。

（四）文献研究法

文献研究法，又称为文献综述法，即在搜集、鉴别和整理相关文献的基础上，通过对文献的研究形成对事实的科学认识的方法。这一研究方法超越了时间、空间限制，在一定程度上避免了口头调查中调查者与被调查者在互动过程中可能出现的种种误差，既方便、自由、安全，又省时、省钱、效率高。如我们之前所谈到的，自 2006 年中共十六届六中全会以来，社会主义核心价值观受到越来越多的学者关注，他们从其产生与发展、基本内涵与现实意义、构建状况与教育得失等多个方面和角度进行了论述，积累了丰富的研究成果。这些成果不仅为本次研究提供了具体的经验、教训，还有利于了解当前这一主题的研究状况，有利于我们正确判断本次项目研究的现实意义。文献综述法主要是在前人研究基础之上进行梳理和整合，本书也是在前人的研究基础之上进行一定的整理和分析，旨在对新时代大学生的社会主义核心价值观培育有较为全面的分析和整理。

二、主要创新点

本书新颖之处在于，研究新时代大学生社会主义核心价值观培育体系，是在前人研究基础之上，从新时代大学生社会主义核心价值观培育的理论阐释、培育状况出发，总结我国进行社会主义核心价值观培育的困境和不足，研究当代大学生社会主义核心价值观培育的内在规律，从而探索新时代大学生社会主义核心价值观培育的实践路径与长效机制。

第二章 新时代大学生社会主义核心价值观培育的理论阐释

习近平总书记指出："我们要立足中国，面向现代化、面向世界、面向未来，巩固马克思主义在意识形态领域的指导地位，发展社会主义先进文化，加强社会主义精神文明建设，把社会主义核心价值观融入社会发展各方面，推动中华优秀传统文化创造性转化、创新性发展，不断提高人民思想觉悟、道德水平、文明素养，不断铸就中华文化新辉煌。"[①] 培育和践行社会主义核心价值观是加强精神文明建设的一个重要方面，是内化于心、外化于行的良好风气的展现，要通过弘扬和宣传，让社会主义核心价值观在全社会蔚然成风。

第一节 新时代大学生社会主义核心价值观的本质内涵

党的十八大以来，中国进入新时代，在以习近平同志为核心的党中央领导下，中国人民一路披荆斩棘在社会主义现代化建设中取得了巨大的进步与成绩。当前，人均国内生产总值达到 1 万美元，城镇化率超过 60%，中等收入群体超过 4 亿人，人民对美好生活的要求不断提高。我国制度优势显著，治理效能提升，经济长期向好，物质基础雄厚，人力资源丰厚，市场空间广阔，发展韧性强大，社会大局稳定，继续发展具有多方面优势和条件。2020 年底新冠疫情来势汹汹，在党的领导下，我国迅速做出反应，尽全力保障人民的身体健康和生命安全，展示出了大国风范。这些成就都充分地体现出社会主义核心价值观的"三个倡导"。当前，我们进入 2021 年，这是

---

① 习近平. 在纪念马克思诞辰 200 周年大会上的讲话 [M]. 北京：人民出版社，2018：19—20.

"两个一百年"奋斗目标的交汇之年、是"十四五"规划的开局之年。新时代大学生在这一时期肩负着重要的责任，需要承担起实现中国梦、建设社会主义现代化强国的重担。这就要求新时代大学生具有适合新时代的科学价值观。

一、新时代大学生社会主义核心价值观的内容及结构

在高校价值塑造、知识传授、能力培养"三位一体"的新时代人才培养目标中，价值塑造是第一要务。教育部等八部门联合印发的《关于加快构建高校思想政治工作体系的意见》强调：以立德树人为根本，以理想信念教育为核心，以培育和践行社会主义核心价值观为主线，以建立完善全员、全程、全方位育人体制机制为关键。这就要求高校教育者培育学生要深刻理解社会主义核心价值观的丰富内涵，准确把握其精神实质，引导学生把事业理想和道德追求融入国家建设，将社会主义核心价值观内化为精神追求，外化为自觉行动，从而努力培养担当民族复兴大任的时代新人，培养德智体美劳全面发展的社会主义建设者和接班人。

（一）解析三个"倡导"

三个"倡导"完善了社会主义核心价值体系，丰富了社会主义核心价值理念，向全国人民提供了精神引领与风貌塑造的导向。这对我国社会主义现代化建设和"中国梦"的实现具有重大而深远的意义。习近平总书记明确指出："富强、民主、文明、和谐是国家层面的价值要求，自由、平等、公正、法治是社会层面的价值要求，爱国、敬业、诚信、友善是公民层面的价值要求。这个概括，实际上回答了我们要建设什么样的国家、建设什么样的社会、培育什么样的公民的重大问题。"① "三个倡导"分别从三个层面，即国家、社会、个人层面概括了我国社会主义主要价值主体的价值追求。

首先，就"富强、民主、文明、和谐"所代表的国家层面价值理念来说，它是社会主义国家价值的集中概括。"富强、民主、文明、和谐"是社会主义现代化国家的建设目标，"体现了中国特色社会主义经济、政治、文化、社会、生态建设各个方面的努力方向，指明了中国走什么样的道路、建

---

① 习近平. 青年要自觉践行社会主义核心价值观——在北京大学师生座谈会上的讲话 [N]. 人民日报，2014—05—05（02）.

什么样的国家"①。它不仅体现着近代以来我国社会历史发展的根本追求、体现着中国特色社会主义的根本目标、代表着改革开放以来我们党的基本主张，而且这八个字的提出指明了国家精神文化的发展方向与全国人民对国家发展的期许。富强是社会主义现代化国家拥有强大物质基础的代名词。只有百姓安居乐业了，社会才能安定团结，国家才能繁荣富强，屹立于世界民族之林。"民亦劳止，汔可小康"是全国人民最殷切的期盼。因此，发展也是我们党执政兴国的第一要务。空谈误国，实干兴邦。我们要深刻认识到，社会主义是干出来的，不是空想出来的，只有国家富强了，才能帮助人民过上更好的生活。同时，举国上下也在我们党和政府的领导下创造了巨大的物质和精神财富，过上了美好生活。民主是引领社会主义国家政治发展的核心价值理念，践行以人民为中心的发展思想，发展全过程人民民主，必须要加强治理能力和治理体系现代化建设，提高党科学执政、民主执政、依法执政的水平，同时加强人民的主人翁意识，提高其参与管理公共事务的能力，只有这样才能坚持党的集中统一领导，早日建成社会主义民主国家，保证人民当家作主的权利。中华民族伟大复兴中国梦的实现离不开文明，精神文明进步了，物质文明也会好起来。作为唯一延续下来的四大文明古国，中国创造出了很多源远流长、博大精深的中华文明成果，要想实现民族复兴中国梦就必须建成文明繁荣的社会主义现代化强国。只有用马克思主义中国化的最新理论成果，也就是习近平新时代中国特色社会主义思想不断武装头脑，用社会主义核心价值观这个最大"公约数"聚集合力，用民族精神和时代精神鼓舞斗志，才能搞好社会主义精神文明建设。中国特色社会主义制度特有的决定性意义的属性就是和谐。千百年来，和谐一直在治国安邦、凝心聚力上发挥着重要作用。只有远亲近邻关系和谐，才能在生活上互相帮助，构建和谐稳定的社会。只有劳动关系和谐，才能保障各方权益，有序高效地进行社会生产。只有干部群众关系和谐，全国上下才能"心往一处想，劲往一处使"地推进社会发展，国家才能繁荣昌盛。只有人与自然关系和谐，才能实现社会的可持续发展，实现人与自然共生共存。只有每个社会成员自身成为和谐的一份子，整个社会才能系统优化，成为和谐社会，在和谐中迸发巨大活力和生产力，为社会主义现代化建设添砖加瓦。

其次，社会层面的"自由、平等、公正、法治"是对社会价值追求的集

---

① 项久雨，吴海燕. 论社会主义核心价值观与中国梦的内在联系［J］. 思想政治教育研究，2016（04）：2.

中概括，也是我们党和国家奉行的核心价值理念。换句话说，社会层面的四个价值理念既继承了原本社会主义和共产主义的价值体系，与此同时又是现代精神的重要组成部分。就"自由、平等、公正、法治"所代表的社会层面价值理念来说，它是社会主义社会基本属性的体现，反映了中国特色社会主义的价值诉求。马克思主义所追求的共产主义社会说到底是人自由而全面的发展，我们党将这一最终目标视为标杆，并把自由、平等、公正、法治融入社会主义伟大实践中。从国际社会来看，当前国际风云激荡、复杂多变，机遇与挑战并存，战乱与发展同在，各种新旧势力交替更迭。从国内来看，随着四十多年的改革开放，我国在经济快速发展的同时，一些国外的多元价值也随之传入国内，社会主义市场经济的不断发展，也使得各种功利主义横行，滋生出各种非马克思主义思想，出现"历史虚无主义"、"民族虚无主义"、道德沦丧、理想崩塌等问题。这些现状急需通过全国各族人民"最大公约数"的社会主义核心价值观来进行启发诱导。而"改革和法治如鸟之两翼、车之两轮。我们要坚持走中国特色社会主义法治道路，加快构建中国特色社会主义法治体系，建设社会主义法治国家。全面依法治国，核心是坚持党的领导、人民当家作主、依法治国有机统一，关键在于坚持党领导立法、保证执法、支持司法、带头守法。要在全社会牢固树立宪法法律权威，弘扬宪法精神，任何组织和个人都必须在宪法法律范围内活动，都不得有超越宪法法律的特权"①。党的十九大提出"把社会主义核心价值观融入社会发展各方面，转化为人们的情感认同和行为习惯"②，其本意即在于此，旨在确立引领社会思潮的主流价值导向。

最后，个人层面的"爱国、敬业、诚信、友善"则集中概括了我国社会主义本质属性的道德价值，是公民基本道德规范的核心要求。个人层面的"爱国"倡导每个公民热爱自己的国家，热爱祖国的大好河山，热爱民族的历史，关心祖国的命运。这些都是爱国主义的表现，也就是我们所说的"苟利国家生死以，岂因祸福避趋之""王师北定中原日，家祭勿忘告乃翁""男儿七尺躯，愿为祖国捐""捐躯赴国难，视死忽如归"等。公民层面的"敬业"指的是一个人对自己所从事的工作及学习负责的态度。这要求我们每个公民要脚踏实地，遵守职业操守和公民道德规范，做好自己的本职工作，认

---

① 习近平. 在庆祝中国共产党成立 95 周年大会上的讲话 [N]. 人民日报，2016－07－02 (02).

② 习近平. 决胜全面建成小康社会　夺取新时代中国特色社会主义伟大胜利——在中国共产党第十九次全国代表大会上的报告 [M]. 北京：人民出版社，2017：42.

真履行职责。在工作中恪尽职守，不断学习，善于探究，寻找解决方案，不断进步就是敬业；绳锯木断、坚持不懈、勤劳奉献、宁静致远就是敬业，还有我们耳熟能详的"夜以继日、全力以赴、废寝忘食、兢兢业业、克己奉公、吃苦耐劳、锲而不舍、囊萤映雪"，都是指敬业精神。公民层面的"诚信"就是对人以诚，人不欺我；对事以诚，事无不成。这要求我们在实际生活中要忠于事物的本来面貌，不隐瞒自己的真实思想，不掩饰自己的真实感情，不说谎，不作假，不为不可告人的目的而欺瞒别人。讲信用，讲信誉，信守承诺，忠实于自己承担的义务，答应了别人的事一定要去做。也就是我们常说的"内外相应，言行相称""言忠信，行笃敬""诚之所感，触处皆通""一言不实，百事皆虚"，这些都是对诚信的精辟诠释。公民层面的"友善"指的是人与人之间的亲近和睦。友善不仅仅指人与人之间的友善，还有人与自然相处的和谐友善。习近平总书记指出"要像保护自己的眼睛一样保护生态环境，像对待生命一样对待生态环境"[①]，说出我们爱护自然、爱护环境的真谛。每个社会公民从生活点滴做起，自觉践行社会主义核心价值观公民层面的要求，把爱国贯穿人生始终，把敬业奉献、正直诚信、睦邻友好融入点滴生活、工作和学习当中，才能"锦绣河山收拾好，万民尽作主人翁"，以此共同推动实现中华民族伟大复兴！

（二）三个"倡导"之间的关系

党的十八大报告关于"三个倡导"对社会主义核心价值观的概括，实现了从国家层面到社会层面再到公民层面的逐步递进解析，体现了社会主义现代化建设过程中国家利益与个人利益的统一，实现了国家精神与个人价值理念的统一，为我国文化软实力的提升、文化的繁荣发展以及国际地位的提升等提供了理论基础。

"三个倡导"凝练了我国各个层面的价值共识，蕴含着社会主义基本的、核心的、重要的价值理念。第一个倡导是国家层面，包括富强、民主、文明、和谐。这四个词语精练地概括出了中国特色社会主义的基本目标，我国进行经济建设、政治建设、文化建设、社会建设和生态文明建设都要将这四个词语贯穿其中，它是我们进行社会主义建设的内在发展要求。此倡导是从国家的整体大局出发，体现的是党的基本主张和国家发展目标，它具有引领作用，在社会主义核心价值观体系中居于统领地位。第二个倡导是社会集体

---

① 习近平. 习近平谈治国理政：第3卷［M］. 北京：外文出版社，2020：374.

层面，包括自由、平等、公正、法治，这是中华民族、中国公民基本的价值追求和道德标准。这个"倡导"对于人类文明发展、引导社会树立正确的价值观具有重要意义，这是我们党和国家的核心价值观，也是社会的主流价值观，是社会主义核心价值观的支柱。第三个倡导是公民个人层面，包括爱国、敬业、诚信、友善，这个倡导指出了公民个人应当树立的基本价值追求和应当遵循的根本道德准则。此倡导从个人出发规定了公民应该遵守的基本价值观，是另外两个"倡导"的基础。从"三个倡导"的内容来看，它们从国家、社会、个人三个层面进行了全方位、全局性的规定、规范和导向。同时三者又各有侧重，将"国家""社会""个人"三方面紧密结合的同时又将每一个方面的不同特点概括出来，这三个方面是不可分割的统一体，缺一不可。

从国家层面出发来理解核心价值观，我们可以看出核心价值观所代表的国家共同理想精神和核心价值精神，充分集中地体现了马克思主义的核心价值观和社会主义初级阶段的价值诉求。富强、民主、文明、和谐，四个词语相互成递进关系，是亿万人民的幸福之所在。国家的富强是一切的前提，国家强盛才能有全体老百姓的幸福生活；社会主义有了高度民主，人民群众才能真正做到当家作主，才能行使自己的权利；社会主义的精神文明和文化不断发展和完善，才能丰富中国人民的精神，才能实现中国文化和文明的新辉煌；社会主义中充满和谐，中国人民才能享受安定团结有序的社会生活，社会主义经济才能繁荣发展，充分展现出社会主义制度的优越性。同时，核心价值观所表达的理想追求，又需要通过完善的市场来实现。所以，自由、平等、公正、法治的核心价值观有着不可替代的理论意义和现实意义。中国只有成为一个文明、和谐、公正、法治的国家，才能成为一个富强民主的现代化国家，那么想要实现文明、和谐、法治秩序，就必须有道德个体的支撑，这就要求公民个人要树立爱国、敬业、诚信、友善的核心价值观。因为道德是发展的基础，所以中国成为一个富强国家的同时也必然是一个道德文明的国家。

因此，进入新发展阶段后，国内外环境的深刻变化既带来一系列新机遇，也带来一系列新挑战，危机并存，危中有机，危可转机。增强机遇意识和风险意识，高校教育者更应注重上述三个层次的核心价值观相互联系、相互贯通，强化系统观念，提高政治判断力、政治领悟力、政治执行力，增强主动识变、求变、应变能力，强化全局视野和系统思维，加强社会主义核心价值观的政策统筹、进度统筹、效果统筹，发挥培育整体效应。

二、新时代大学生社会主义核心价值观的基本特性

（一）主体性与人民性相统一

《关于培育和践行社会主义核心价值观的意见》中指出，"坚持以人为本，尊重群众主体地位，关注人们利益诉求和价值愿望，促进人的全面发展"①。人民群众的主体性是社会主义核心价值观的根本属性。

社会主义核心价值观在社会主义意识形态中居于主导地位，国家、社会和个人由社会主义核心价值观来指引，它要体现的、维护的必然是广大人民群众的根本利益。人民是历史的创造者，社会的变革由人民推动，所以我们反对"英雄史观"，否认英雄个人推动历史的说法，我们始终坚信是人民推动历史不断向前发展。马克思主义是"关于无产阶级自由、解放和价值创造与实现的学说"②，它坚持人民主体性，主张把人民的根本利益作为马克思主义执政党的价值旨归，这就要求我们在培育和践行社会主义核心价值观的过程中，将人民视为最高的价值主体，始终把最广大人民群众的根本利益放在首位，确保人民当家作主的实现。实践证明，马克思主义的命运早已同中国共产党的命运、中国人民的命运、中华民族的命运紧紧连在一起，它的科学性和真理性在中国得到了充分检验，它的人民性和实践性在中国得到了充分贯彻，它的开放性和时代性在中国得到了充分彰显！全心全意为人民服务是中国共产党的根本宗旨和立党之本，中国共产党为什么能成为一个百年大党，坚持群众路线是一个重要原因。百年来中国共产党始终坚持以人民为中心，坚持将人民的利益放在首位。可见，社会主义核心价值观不是喊出来的，而是干出来的。

实践的主体是人民群众，同样也是价值的主体。人民群众创造了价值，所以人民群众也应该成为价值的享有者。中国共产党从成立以来就高度重视人民群众的作用，从革命时期到社会主义建设时期，中国共产党始终没有忘记人民的作用和地位，一直坚持着一切为了群众，一切依靠人民。人民选择了中国共产党，所以中国才有了站起来、富起来到强起来的光明前景。中国

---

① 中共中央文献研究室. 十八大以来重要文献选编（上）[M]. 北京：中央文献出版社，2014：579.

② 李永胜. 关注马克思主义价值观研究 [J]. 天府新论，2011（05）：28.

共产党也没有忘记过自己的初心和使命，一直在为人民幸福、民族振兴而奋斗。现在中国共产党提出的社会主义核心价值观就高度凝练了中国共产党真心为民的理念，体现出实现好、发展好、维护好最广大人民的根本利益是党一切工作的出发点和落脚点。社会主义民主就是要让人民真正当家作主，我们的民主是看得见、摸得着的，不是口头上的。党的十七大明确提出，人民民主是社会主义的生命，就此我们可以看出民主的重要地位，社会主义国家不能缺失民主。从新中国成立以来，我们党就明确规定了我国是人民民主专政的社会主义国家，人民是国家的主人，国家的一切权力属于人民，国家的权力是由人民赋予，所以权力的行使必须接受人民的监督，并且对人民负责。人民创造了社会物质财富和精神财富，只有在人民的衷心拥护和支持下，中国特色社会主义的建设和发展才有不竭动力。只有充分调动发挥人民的积极性、主动性和创造性，我们才能更好地走向中华民族的伟大复兴。

"富强、民主、文明、和谐"是我国政治建设、经济建设、文化建设、社会建设、生态文明建设布局在价值追求上的概括，是这五种价值利益在国家所追求的目的上的反映。"社会层面强调'自由、平等、公正、法治'，归根结底是为了全体人民的全面发展创造良好的社会条件。个人层面倡导'爱国、敬业、诚信、友善'，是为了促进人的自由全面发展提供基本人生道德遵循。"① 这三个不同层面的价值思想虽然侧重点都不相同，但是相互之间密不可分、相辅相成，表达了国家、社会、个人所要达到的目标的统一，由此体现出人民主体地位，最终实现好、维护好最广大人民群众根本利益的目标。

（二）实践性与创造性相统一

我们党带领人民进行的中国特色社会主义现代化建设实践产生了我国特有的价值观。"马克思主义不是教条，只有正确运用于实践并在实践中不断发展才具有强大生命力。"② 在马克思主义中国化的发展进程中产生了我国特有的价值观建设。党的十一届三中全会上进行的关于"真理标准大讨论"是一次思想大解放。这场大讨论确立了实践是检验真理的唯一标准，人们开始关注"如何看待实践中人的目的、需要"的问题。随着此后四十多年的实

---

① 龚柏松. 论社会主义核心价值观的人民主体性建设 [J]. 学校党建与思想教育，2015（04）：89.

② 江泽民. 江泽民文选：第 3 卷 [M]. 北京：人民出版社，2006：270.

践发展，社会价值取向问题越来越突出，越来越受到人们的关注，中国所取得的一系列举世瞩目的成就是因为广大无产阶级对中国特色社会主义这一制度的选择，因此我国的核心价值观建设需要我们的深入考虑和实践推进。与此同时，我们也要明确一个问题，那就是只有实践才能解决价值问题，因为价值从根本上来说归于社会实践的问题。1921年我们党成立以来，中国共产党带领全国上下进行了不断的斗争、革命和建设，这个历程就是实践的过程，就是一个争取独立、自由、解放、平等的历程。1978年党的十一届三中全会以来，我国在进行经济建设的同时不断进行社会主义法治建设，从"法制"到"法治"的转变，见证了我们国家在法治方面取得的巨大成就，也说明了我们党为了实现社会公平正义所做出的巨大努力。党的十八大宣布中国特色社会主义进入新时代以来，我们党确立建成社会主义现代化强国这一目标，从根本上来说，也是为了实现更大的公平正义。

我们党带领人民所进行的社会主义文化建设的实践产生了我国特有的核心价值观。1921年中国共产党成立以来，就十分重视对党员干部的精神建设，十分重视他们的理想信念教育，毛泽东强调要"建立独立、自由、民主、统一和富强的新中国"[①]。1949年新中国成立后，党带领人民经过艰苦奋斗建立了社会主义制度，这为社会主义核心价值观在中国的确立、成长、发展提供了制度基础。在思想文化领域，我国确立巩固了马克思主义的指导地位，为我国核心价值观的建设提供了文化条件。马列主义、毛泽东思想通过1919年到1949年这三十年的新民主主义革命证明了其科学性。为了进一步巩固其领导地位，中国共产党进行了一系列意识形态建设。在第三届全国人民代表大会第一次会议上，周恩来总理提出了"四个现代化"的伟大目标，成为各族人民团结向上、不断奋进的精神旗号。在1949年到1978年的社会主义革命建设时期，中国共产党带领人民在全国开展精神文明建设，呼吁人们"讲文明、讲礼貌、讲卫生、讲秩序、讲道德""心灵美、语言美、行为美、环境美""热爱祖国、热爱社会主义、热爱中国共产党"，涌现出大批先进标杆和道德模范，在全国上下掀起了讲文明树新风的风潮。1978年改革开放以来，经济社会快速进步，但意识形态领域问题逐渐显现，中国共产党因势利导提出了社会主义核心价值观建设。当前，中国社会的最强音是中国梦的实现。"实现中国梦，必须弘扬中国精神。用以爱国主义为核心的

---

① 毛泽东. 毛泽东选集：第3卷［M］. 北京：人民出版社，1991：1055.

民族精神和以改革创新为核心的时代精神振奋起全民族的'精气神'。"①只有全国上下各族人民团结起来，众志成城才能发挥中国精神，凝聚中国力量，实现伟大中国梦。

因此，我们党的两个"先锋队"性质决定了不管是新民主主义时期、社会主义革命和建设时期，还是新时代，不同内容的精神文明建设本质上都属于中国特色社会主义核心价值观的建设。现阶段，我国正处于现代化建设的关键节点上，经济基础决定上层建筑，经济高速进步带动阶级关系、意识形态的变动，也使得各种思潮层出不穷，不断涌现，这就需要具有中国特色的价值观塑造社会风气，引领各种思潮，营造国泰民安、政通人和的社会主义社会。而进行社会主义核心价值观建设正是历史的选择与现实的需要。

社会意识具有相对独立性，有着自身的能动性和独特的发展规律，而文化的继承创造性就是社会意识独立性的一种表现。马克思主义认为，任何时代的社会意识及文化成果，都不仅仅是这一个时代的精华，它的产生发展一定包括了前人或者以前那些时代的精华思想，是推陈出新、革故鼎新。同样，我们党对社会主义核心价值观的提炼，不是自己主观想象的产物，而是对中华优秀传统文化的继承发扬。中华优秀传统文化中的儒家大同思想、法家的法治思想、墨家的兼爱思想等是社会主义核心价值观的核心来源。与此同时，在马克思主义近两百年的发展进程中以及党这一百年的历史进程中所创造的价值观也是社会主义核心价值观的来源之一。因此，社会主义核心价值观是在继承发展这些时代精华的前提下，根据我国国情、世情、党情而创立出来的一种价值观。

总而言之，社会主义核心价值观是实践性和创新性的统一。一方面，社会主义核心价值观的提出是我们党结合国情进行理论和实践创新的成果。这几个阶段互相呼应、循序渐进，不仅展现出中国共产党的强大理论优势，也是我们党具有自主学习能力的体现。另一方面，社会主义核心价值观对于前人的精华并非全搬全抄，也并非不搬不抄，而是在结合我国历史文化、国家制度、社会发展的情况下适当借鉴结合，进行创造性转化和创新性发展。国家的发展、民族的进步离不开创新，社会主义核心价值观的提出也同样离不开创新。要紧密联系"社会主义现代化强国"，围绕"伟大复兴中国梦"的时代任务和主题展开，在这新时代的土壤中，继承发扬优秀文化，创造出属于我们这个时代的精华，培育出属于我们这个时代的价值观。

---

①　习近平. 习近平谈治国理政：第 3 卷［M］. 北京：外文出版社，2018：56.

（三）目标性与价值性相统一

真理原则和价值原则是人类实践活动的两大基本原则。任何实践活动都要既合规律性又合目的性。合规律性就是在实践过程中要遵循事物本身的客观规律，不能强行违背规律，以达到对事物的真理性认识。合目的性也就是说人的任何实践活动都是为了满足某一个目的，从而使这一实践活动具有价值。因此，人的实践活动也可以说是真理性和价值性的统一。社会主义核心价值观的目标性在于它的培育和践行是为了提升全民族的精神境界、构建和谐社会，这是它的明确目的。国家层面、社会层面、公民层面的"三个倡导"是在马克思主义基本原理与马克思主义中国化思想的指导下，根据中国的实际情况所提出的符合我国国情的价值观，是对全国各族人民理想信念、道德规范的"最大公约数"的提炼，反映了当前中国社会的主流价值观和基本道德准则。富强、民主、文明、和谐作为国家层面的价值诉求，是我们党和政府所需要达到的理想目标；自由、平等、公正、法治作为社会层面的价值诉求，是社会主义社会的理想状态；爱国、敬业、诚信、友善作为公民层面的价值诉求，是公民的基本道德规范，是公民个人应该达到的目标要求。

社会主义核心价值观作为马克思主义中国化理论成果的一部分，还体现了价值性。社会主义核心价值观的目标性能够体现其价值性，同时它作为一种价值标杆、精神旗帜，符合人民群众的根本利益，体现了人民性。社会主义核心价值观的根本内涵是以人为本、公平正义。社会主义核心价值观的人民性具有中国特色，它是对"神本论""物本论""权本论"的否定。党的十八大强调："必须更加自觉地把以人为本作为深入贯彻落实科学发展观的核心立场，始终把实现好、维护好、发展好最广大人民根本利益作为党和国家一切工作的出发点和落脚点，尊重人民首创精神，保障人民各项权益，不断在实现发展成果由人民共享、促进人的全面发展上取得新成效。"[①] 必须坚持人民主体地位、必须坚持维护社会公平正义、必须坚持走共同富裕道路、必须坚持促进社会和谐。富强、民主、文明、和谐的实现能够促进中华民族伟大复兴中国梦的实现，最终引领人民走向共同富裕。自由、平等、公正、法治的实现能够使社会歪风邪气一扫而空，塑造和谐社会。爱国、敬业、诚信、友善的实现能够提高公民的道德素质，促进人的全面发展。社会

---

① 中共中央文献研究室. 十八大以来重要文献选编（上）［M］. 北京：中央文献出版社，2014：7.

主义核心价值观与西方国家的价值观有着根本区别，我们的民主是人民民主；我们的自由是在规则范围内的自由，是法律允许范围内的自由；我们的公平是共同享有、共同遵循法律下的平等。社会主义核心价值观具有社会主义性质，是中国特色社会主义理论、制度、道路、文化的价值表达。

我国的社会主义核心价值观既具有目标性也具有价值性，是两者的高度统一。如果不想在前进道路上迷失方向就必须坚持目标性；如果想要为培育践行社会主义核心价值观提供不竭动力，就必须坚持价值性选择。只有坚持两者的统一，中国特色社会主义核心价值观才能接地气，贴近群众、贴近生活、贴近现实，才能为人们所喜闻乐见，普遍接受。

第二节　新时代大学生社会主义核心价值观培育的基本内涵

自思想发端到文化养成，社会主义核心价值观的建设大体遵循由理论到实践层面渐次展开、逐步完善的历史进程和发展脉络。改革开放以来，中国共产党人紧密围绕"什么是社会主义核心价值观和怎样建设社会主义核心价值观"这一时代命题展开接力探索，与时俱进，紧密结合所处时代党的历史任务和发展目标，从理论上和实践上把社会主义核心价值体系和社会主义核心价值观建设不断推进，从而进一步丰富了中国特色社会主义理论宝库，撰写出当代马克思主义的新篇章。

一、中国共产党人的光荣传统和优良作风是社会主义核心价值观培育的历史根基

（一）中国共产党人坚定信仰的奋斗精神与国家理想一脉相承

自 1921 年中国共产党成立的一百年来，在新民主主义革命时期、社会主义革命和建设时期、改革开放时期以及新时代，中国共产党始终坚持以马克思主义为指导，坚定共产主义理想信念不动摇，克服重重困难，历经磨难沧桑，将"为中华民族谋复兴，为中国人民谋幸福"作为自己的初心和使命，推动中国特色社会主义道路不断前进。理想信念是共产党人精神上的"钙"，没有理想信念，精神上就会缺"钙"，就会得"软骨病"。由此可见，

中国共产党能够在一百年的征程中成长壮大与其毫不动摇地坚定理想信念是分不开的。第五次反围剿失败，红军被迫长征，万里长征艰苦路，前途茫茫未可知。中国共产党人不怕牺牲，自强不息，最终胜利会师，铸就了伟大的长征精神。在长征途中，面对国内反动派的疯狂打击迫害，面对国外的复杂环境，我们党排除万难，纠正"左"倾错误，坚定马克思主义理想信念，第一次完全独立自主地处理党内问题，是我们党成长道路上的一个关键节点。1949 年解放战争取得胜利前夕，中国共产党在西柏坡召开第七届中央委员会第二次全体会议，这次会议为新中国的成立奠定了基础，并形成了西柏坡红色革命精神。西柏坡精神本质上是无产阶级的革命精神，是我们党实事求是、努力奋斗的精神结晶。中华人民共和国成立后，在"一穷二白"的东方大国建设社会主义，没有先例可循，如同攀登一座人迹罕至的高山，需要筚路蓝缕、披荆斩棘。在这一时期，中国共产党领导全党全国各族人民自力更生、艰苦奋斗，展开了轰轰烈烈的社会主义建设，初步建立起了我国的工业体系。

到 20 世纪 70 年代时，面对着刚刚经历十年"文化大革命"，急需正确指导思想拨乱反正的中国，以邓小平为核心的党中央领导集体召开了十一届三中全会，中国进入了改革开放和社会主义现代化建设的历史新时期。从1921 年中国共产党成立之日起，中国共产党一直根据国家战略和时代要求，与时俱进、推陈出新，不断完善党的奋斗目标。改革开放 40 多年的实践启示我们：中国共产党的领导是中国特色社会主义最本质的特征，是中国特色社会主义制度的最大优势。新时代我国的奋斗目标是建设一个富强、民主、文明、和谐、美丽的社会主义现代化强国，这与社会主义核心价值观的要求是一致的。尤为重要的是，在"十三五"的实践中，我国已开始转向高质量发展阶段，中国共产党的领导和我国社会主义制度的优势进一步彰显，新发展理念更加深入人心，广大党员干部的政治品质、斗争精神和斗争本领得到锤炼，全国各族人民精神面貌更加昂扬向上，为开启全面建设社会主义现代化国家新征程提供了有力政治保证和强大奋进力量。

（二）中国共产党人埋头苦干的求是精神与社会追求一脉相通

"实事求是"一词最早是毛泽东同志在《改造我们的学习》中用它来概括党的思想路线。十三届四中全会以来，以江泽民同志为核心的第三代中央领导集体确立了解放思想、实事求是、与时俱进的思想路线，推动中国特色社会主义事业不断向前发展。自 100 年前中国共产党成立之日起，中国共产党作为中国历史舞台上的新兴政党，带领人民进行了可歌可泣的抗日战争和解放战争，经过近 20 年的奋战，推翻封建、军阀统治，建立了统一民主的中华人民共和国。毛泽东指出："'实事'就是客观存在着的一切事物，'是'就是客观事物的内部联系，即规律性，'求'就是我们去研究。"① 实事求是作为毛泽东思想活的灵魂，是在延安整风运动时，为加强党的思想建设而提出的，贯穿于整个运动的思想路线。习近平总书记在纪念毛泽东同志诞辰120 周年座谈会上的讲话中指出："实事求是，是马克思主义的根本观点，是中国共产党人认识世界、改造世界的根本要求，是我们党的基本思想方法、工作方法、领导方法。不论过去、现在和将来，我们都要坚持一切从实际出发，理论联系实际，在实践中检验真理和发展真理。"② 自 1949 年新中国成立后，我们党面对"一穷二白"的国情，面对百废待兴的国内建设，从实际情况出发，理论联系实际，使社会主义制度在中国落地生根，促使新民主主义革命转向社会主义革命。随着 1978 年十一届三中全会做出改革开放的伟大决定，中国共产党坚持实事求是，结合变化发展的世界情况，制定了符合实际情况的路线、方针、政策，以人民为中心，始终代表最广大人民的根本利益，把人民群众放在首要位置，把人民对美好生活的向往作为党的奋斗目标。社会主义核心价值观是根据当前中国最新国情提出来的，对国家、社会、公民三个层面的"三个倡导"包含着对国家、社会、公民的美好追求。但目前我国仍然是世界上最大的发展中国家、仍处于并将长期处于社会主义初级阶段，要想培育好、践行好社会主义核心价值观需要我们党有敢为人先、不断奋斗的革命精神，才能保证这三个层面的价值诉求的实现。因此，实现中华民族伟大复兴，必须坚持中国共产党领导，必须坚持走中国特色社会主义道路，必须坚持以人民为中心，必须坚持斗争精神，必须坚定不移走和平发展道路。

（三）中国共产党人以人为本的奉献精神与公民道德一脉相传

马克思主义认为，社会历史发展的自然历史过程是有规律可循的，但它必须通过人民群众的活动来实现，人民群众是历史的创造者，是社会历史活动的主体。我们党从诞生之日起就始终把人民群众放在首位，"三个代表"

---

① 毛泽东. 毛泽东选集：第 3 卷［M］. 北京：人民出版社，1991：801.
② 习近平. 在纪念毛泽东同志诞辰 120 周年座谈会上的讲话［M］. 北京：人民出版社，2013：15.

重要思想、"群众路线"政策、国体政体等就体现了我们党全心全意为人民服务的根本宗旨。邓小平指出，如果要概括中国共产党党员的含义或任务，那就只有两句话，"全心全意为人民服务，一切以人民利益作为每一个党员的最高准绳。他的目的是要实现社会主义、共产主义"①。这体现了中国共产党革命精神的基本内涵。为人民服务体现了党和政府处理事务的最高宗旨和要求，只有满足了人民群众的需求才能让人民群众更加信任和认同。同时，指明了党的根本价值取向是一切为了人民群众。党的价值实现主要依靠人民群众的社会实践，"一切为了群众，一切依靠群众，从群众中来，到群众中去"的群众路线正是阐明了党的价值实现的根本途径，揭示其"和人民群众紧密地联系在一起""全心全意为人民服务，立党为公，执政为民""人民对美好生活的向往就是我们的奋斗目标"的基本标志和特征。为人民服务指明了中国共产党的价值取向、价值标准、价值追求、价值目标、价值理想，指明了党的一切奋斗都是为人民服务。人民之所以选择了中国共产党，根本原因就是它是用马克思主义理论武装起来的代表中国最广大人民根本利益的政党，这也是我们党经过百年风霜历练越发壮大的重要原因。在革命时期，中国共产党统一战线、团结一切可以团结的力量进行革命，推翻了封建军阀统治，保护了受压迫阶级的合理利益，制定颁布少数民族政策、宗教政策，调动各阶级积极性，实现了各民族、各阶层的真正统一。十一届三中全会后，党中央仍然十分注重与人民群众的联系，时刻把人民群众放在首位，提出了一系列以人民为中心的重要思想。党的十八大以来，习近平总书记指出："人民对美好生活的向往，就是我们的奋斗目标"②，体现了我们党的根本宗旨。中国共产党的百年征程表明，社会主义核心价值观与其执政为民的奉献精神是一致的。二者都是以人民为中心，把人民群众利益放在首位，把"为人民谋幸福"作为自己的初心使命。作为执政党，中国共产党执政为民的奉献精神感染了大批中国人民，中国共产党以 9500 多万的庞大人数成为世界第一大政党，涌现了大批道德模范和时代楷模，促进全社会形成爱国、敬业、诚信、友善的良好风气。之所以如此重视新时代大学生的社会主义核心价值观培育，是因为新时代大学生在今后社会主义现代化建设以及改革开放的深入改革时期具有重要的作用和意义。新时代大学生在今后的建设中就

---

① 邓小平. 邓小平文选：第 1 卷 [M]. 北京：人民出版社，1994：257.
② 习近平. 在庆祝"五一"国际劳动节暨表彰全国劳动模范和先进工作者大会上的讲话 [M]. 北京：人民出版社，2015：7.

是主人公的角色，承担着建设者和继承者的重要角色，应当在平时的现实生活、工作、学习中注重对人民群众的尊重和信任，只有满怀服务群众，从群众中来到群众中去的思想观念才有可能为社会建设做出新的贡献。

二、中华优秀传统文化是社会主义核心价值观培育的文化渊源

中华民族五千多年的优秀传统文化和传统美德，是培育社会主义核心价值观的历史"源头"。抛弃传统、丢掉根本，就等于割断了自己的精神命脉。"大学生社会主义核心价值观培育是一项长期复杂的社会系统工程，要提升培育的实效性，关键之举是使大学生从源头上认识和理解社会主义核心价值观，从而认同和践行社会主义核心价值观。"[①] 习近平总书记指出："中华优秀传统文化已经成为中华民族的基因，植根在中国人内心，潜移默化影响着中国人的思想方式和行为方式。"[②] 五千年传承不断的中华优秀传统文化是我们在这个文化风起云涌的世界中站稳脚跟的精神支柱。我国是世界上唯一一个至今仍然延续着的四大文明古国，中华文明源远流长、博大精深，拥有着深厚的文化根基。数千年以来，中华文化凝结成了"仁义礼智信""孝悌忠信礼义廉耻"的文化结晶，其中讲仁爱、重民本、守诚信、崇正义、尚和合、求大同的理念，更是成了涵养社会主义核心价值观的基础和源泉。我们要在充分认识中华优秀传统文化的基础上，汲取其中的精髓，增强"四个自信"。

中国历史源远流长，华夏文明经过五千多年的沉淀，凝练出一系列优秀的传统文化。在宏观上，有儒家的"仁""礼""中庸"，道家的"尚道""崇自然"，释家的"平等""慈悲"等思想随朝代兴衰；在微观上，亦有汉郑玄的《诫子书》、宋朱熹的《朱子家训》、明朱伯庐的《治家格言》、清曾国藩的《家书》等家训在民间流传。

中华优秀传统文化倡导"大鹏一日同风起，扶摇直上九万里""老骥伏枥，志在千里"的崇高理想，也讲求"天行道，君子以自强不息""君子欲讷于言而敏于行"的人生态度，又提倡"落红不是无情物，化作春泥更护

---

① 侯秋月. 国学教育：大学生社会主义核心价值观培育的有效载体［J］. 中国高等教育，2020（19）：33.

② 中共中央文献研究室. 习近平关于社会主义文化建设论述摘编［M］. 北京：中央文献出版社，2017：115.

花""方寸之心，如海纳百川也，言其包含广也"的博大胸怀。"像这样的思想和理念，不论过去还是现在，都有其鲜明的民族特色，都有其永不褪色的时代价值。这些思想和理念，既随着时间推移和时代变迁而不断与时俱进，又有其自身的连续性和稳定性。"① 换言之，中华优秀传统文化和中华传统美德，是五千年文明发展的精髓，是世界文明发展成果中亮眼的组成部分，是中国人精神追求和精神基因的积淀，符合我国的文化情况，契合社会主义建设的目标要求。"培育和弘扬社会主义核心价值观必须立足中华优秀传统文化。牢固的核心价值观，都有其固有的根本。抛弃传统、丢掉根本，就等于割断了自己的精神命脉。博大精深的中华优秀传统文化是我们在世界文化激荡中站稳脚跟的根基。"② 如大学要开设以审美和人文素养培养为核心、以创新能力培育为重点、以中华优秀传统文化传承发展和艺术经典教育为主要内容的公共艺术课程。总的来看，我国的优秀传统价值观大致可概括为以下五个方面。

（一）诚信思想

诚信作为中华民族的优良传统美德，最初源于对天地之道的敬畏和理解。孟子说："诚者，天之道也。"在古人眼中，诚是信的根基，信是诚的体现。人，只有具有道德品质之"诚"，方能表现出道德行为之"信"，从真诚的心灵自然流露出的言行，才具有感染他人的力量。

诚信是我国重要的传统价值观之一，被认为是进德修业之本、立人立政之道。于社会而言，诚信是建立正常社会秩序，进行社会治理的重要保障，如《论语·为政》中认为，"人而无信，不知其可也。大车无輗，小车无軏，其何以行之哉"。"輗""軏"即古代车辕和横木衔接的活销，意思就是：一个人如果不讲信用，真不知道他怎么处世，这就像牛车没輗，马车没有軏一样，车怎么能走呢？许慎在《说文解字》中就提出："诚者，信也；信者，诚也。"可见，"诚"与"信"的意义大致一样，即做人要诚实、守信、诚恳，而不要弄虚作假、欺瞒诈骗。诚信精神要求我们在不断地自我反省中守住自己的本心，在将心比心、推己及人的前提下待人以诚、取信于人。同时，诚信精神更要求我们在家国天下的情怀中有深沉的责任担当。这种强调

---

① 习近平. 青年要自觉践行社会主义核心价值观——在北京大学师生座谈会上的讲话［N］. 人民日报，2014—05—05（02）.
② 教育部课题组. 深入学习习近平关于教育的重要论述［M］. 北京：人民出版社，2019：233.

和重视诚信的思想，在当今社会仍然具有十分重要的价值。它不仅包含了丰富的道德内容与要求，更是诚信道德要求的内在含义。诚信精神所蕴含的始终如一、持之以恒、责任担当的价值理念，与民族精神的其他内容一起，共同支撑着中华民族生生不息、薪火相传。认识和了解诚信道德的特点有利于我国解决在社会主义现代化过程中出现的不良诚信等问题。

新时代大学生在社会主义核心价值观的培育过程中必须注重对诚信思想的培育，尤其是在经济全球化深入发展、世界各国紧密相连的当今社会，伴随着西方资本主义经济的冲击和影响，市场经济中出现了越来越多不诚信的现象，而这些不诚信的现象又反过来影响到了青年大学生。不诚信的工作作风和思想观念会严重影响新时代大学生的学习、生活和工作，导致今后的做人做事做学问都会出现一定的偏差。

（二）仁爱思想

在我国传统价值观中，儒家思想可谓是影响深远，而儒家思想的核心和基础即为"仁爱"。儒家所讲之"仁爱"，主要包括三层含义："亲亲""仁民"和"爱物"。

孔子认为，"爱人"始于"爱亲"，始于"孝悌"。《论语·学而》："孝悌也者，其为仁之本与。"所谓"亲亲"，就是以家庭体系为出发点，体现血缘关系的爱，表现为两代或以上人之间的"孝"和同代人之间的"悌"。仁爱是中国传统文化中十分重要的一个思想。孔子说"仁者爱人"，但是他留下来的话都是片段的语录，并没有系统的发挥。孟子发挥了他的学说，孟子讲"四端"："恻隐之心，仁之端也；羞恶之心，义之端也；辞让之心，礼之端也；是非之心，智之端也。"他认为恻隐之心是仁的发端，有了恻隐之心，才会有仁心。从恻隐之心推而广之，就是"老吾老以及人之老，幼吾幼以及人之幼"，这就是儒家的仁德。那么，什么是恻隐之心呢？《孟子·公孙丑上》中说："所以谓人皆有不忍人之心者，今人乍见孺子将入于井，皆有怵惕恻隐之心，非所以内交于孺子之父母也，非所以要誉于乡党朋友也，非恶其声而然也。"小孩子快要掉落于井中，赶紧去救，不是为了讨好小孩的父母，不是要别人称赞，不是因为讨厌孩子的哭声，而是一种不计外在功利、不论一时利害的"不忍人之心"，这就是儒家的"仁爱"，是"仁者爱人"的开端，体现出推己及人的博大的情怀和高尚的精神。宋明理学家认为"万物一体"，"若夫至仁，则天地为一身，而天地之间，品物万形为四肢百体。夫人岂有视四肢百体而不爱者哉"。所谓"爱物"，就是以宇宙体系为终结点，调和物我关系的爱，体现为人们爱护自然，用科学的精神去解决人与自然之间的问题，达到人与自然的和谐。

传统中国社会的主要特点是看重人与人之间的人际关系，在与他人的社会联系中体现个体生命的价值。儒家的"仁爱"思想体现了中国自古代以来一直保留的社会特征，且有效地维护了社会的和谐稳定。因此，其对于解决当今世界及中国社会面临的生态环境问题、人的生存困境问题、人的异化问题、和谐家庭的构建等，都具有重大的现实意义。新时代大学生正处于人生的黄金时期，这个时期会交到较多志同道合的朋友，并对将来的工作和生活产生重要的影响。这个时期积累的友情将会帮助青年大学生更加注重仁爱的思想。因此，培育青年大学生社会主义核心价值观的过程中应当重点培养新时代大学生的仁爱之心，不仅爱自己、爱身边的人，更要扩展到对整个社会、整个国家、整个人类的大爱。

（三）忧患意识

"忧患"一词，最早见于《周易》，有"安而不忘危，存而不忘亡，治而不忘乱"的说法。纵观我国古代历史，"忧劳可以兴国，逸豫可以亡身"几乎成为不可动摇的真理。世界各国自古以来的统治者只有常常身怀忧患意识才能得以将其统治持续下去，如越王勾践卧薪尝胆，灭吴雪耻；秦王几代励精图治，终灭六国统一天下；唐太宗"居安思危，戒奢以俭"，成就"贞观之治"。反之，统治者贪图一时享乐、夜夜笙歌，缺乏一定的忧患意识而导致国破家亡的例子也不在少数，如吴王夫差沉湎酒色，身死国破；后唐庄宗宠信伶人，众叛亲离；清朝晚期闭关锁国，任人宰割。

忧患意识是指一个人的内心关注超越自身的利害、荣辱、成败，而将世界、社会、国家、人民的前途命运萦系于心，对人类、社会、国家、人民可能遭遇到的困境和危难抱有警惕并由此激起奋发图强、战胜困境的决心和勇气。忧患意识作为一种人文精神，自古以来就存在着。它代表着个人对自身、对未来、对所处社会的一种忧患和责任意识。拥有忧患意识不仅体现了个人的责任意识，更体现了其对自身完善和社会发展的担当意识。我们党是在内忧外患中诞生，并在磨难挫折中不断成长的政党。1945 年 7 月，民主人士黄炎培向毛主席提出如何跳出"历史周期律"的问题，这引起了以毛泽东为代表的党中央的高度重视。在即将实现全国解放之际，毛泽东同志一再强调"进京赶考，绝不当李自成"，在七届二中全会上提出"务必继续保持谦虚谨慎、不骄不躁的作风，务必继续保持艰苦奋斗的作风"①的论断。在改革开放之初，邓小平同志针对刚刚冒出苗头的问题及时提出坚持"四项基本原则"和"两手抓"的方针。江泽民同志也在多个场合强调，要想早日达到现代化的目标，我们必须谦虚谨慎，打起精神，不得懈怠，我们还有很长的"长征路"要走。胡锦涛同志在十六大结束不久就前往西柏坡学习考察，提倡学习西柏坡精神，坚守"两个务必"，戒骄戒躁，沉稳定心，继续前进。可以说，始终保持忧患意识是我们党从容应对各种复杂局面和风险挑战的关键因素。习近平总书记多次提出我们"要时刻保持如履薄冰的谨慎、见叶知秋的敏锐，既要高度警惕和防范自己所负责领域内的重大风险，也要密切关注全局性重大风险"②。中国共产党 100 年的历史表明：我们党是在忧患中诞生、发展和壮大的政党，我们党已把忧患意识深深地融入党的革命、建设与改革的全部实践中。今天，在全面建设社会主义现代化国家的新征程上，在全球化视野中，审视我们面临的形势，可谓忧在眼前，患在脚底。这样考量的主要来源在于两方面：一方面，随着中国的快速发展，国际上有些国家担心中国会走"国强必霸"的路子，他们不断制造"中国威胁论"，各种反华势力不断打出"人权牌""民主牌""台湾牌"和"西藏牌"，这些不怀好意的国家的最终目的就是想要遏制中国的发展速度，尤其是近年来西方一些国家通过贸易战不断给中国发展设置层层阻碍。另一方面，经济和社会的快速发展，不免会带来一定负面影响。虽然经济发展带来的成果显著，但高投入、高消耗带来的高污染与环境的矛盾没有得到根本解决。同时，我国还处于社会主义初级阶段，我国还是世界上最大的发展中国家，国内还有不少矛盾堆积，贫富差距、城乡差距仍然比较显著，经济这块"蛋糕"虽然做得越来越大，但是分配公平问题却没有很好解决。

　　新时代大学生尤其需要时刻保持忧患意识，只有在时刻忧患的过程中才能时刻保持警醒状态，自觉在自身的发展过程中培养忍耐力和磨炼意志。只有吃得苦中苦，方为人上人，只有时刻保持忧患意识才能在与自身、与他人、与社会相处的过程中积极融入，时刻保持谦虚谨慎的状态。回顾中国共产党的百年历程，可以发现中国共产党领导中国革命、建设和改革事业、能够担负起中华民族伟大复兴的历史使命，与其长期保持居安思危、增强忧患

---

　　①　中共中央文献研究室. 十四大以来重要文献选编（上）［M］. 北京：人民出版社，1996：406.

　　②　习近平. 在统筹推进新冠肺炎疫情防控和经济社会发展工作部署会上的讲话［N］. 人民日报，2020－02－24（02）.

意识是分不开的。因此，越是在我国经济连续多年高速增长、综合国力持续攀升的当下，我们越应教育新时代大学生戒骄戒躁，在前进中不断夺取社会主义现代化强国建设新的胜利。

（四）荣辱观念

荣辱之谈，自古就有。我国古代社会历来十分重视荣辱观念，流传至今的"宁可穷而有志，不可富而失节""宁可毁人，不可毁誉""不知荣辱乃不能成人"等名言警句，都将荣辱与人格放到了一样重要的地位。

所谓荣辱观，集中体现于中国传统文化中的"耻"，也就是羞耻心。古人谈"耻"，一方面是基于对社会和国家的治理重要性的认识。春秋时期，管子将"耻"列为维系社会、国家存亡的支柱之一，与礼、义、廉并称为"国之四维"，指出"四维不张，国乃灭亡"。无独有偶，在《论语·为政》中，孔子也表示，"道之以德，齐之以礼"才能够使人"有耻且格"，有羞耻心而自觉走上正道，从而使社会走上正道。另一方面则出于对个人行为素养的考虑，有荣辱观，才能做到在自身的行为中时刻有羞耻心。随后，另一伟大的思想家孟子又在孔子的基础之上阐述了"耻"的重要性。他将仁义并提，认为义就是宜，因此，我们称应该照着去做的为"义"。他提倡人们按照义的规范去做，而一切行为的起始就是羞耻心。只有在羞耻心的前提下才能做好仁义之事。有了羞耻心作为前提，人们的一言一行都有了起码的界限和底线，自觉不做不义之事或者那些会令人瞧不起的事，做了有违道德的事时会于心不安，这就是孟子所说的"羞恶之心，义之端也"。相反，人们如果没有羞耻之心，就会无所不为甚至走向邪路，不可救药，最终导致自身的毁灭。

荣辱观是指人们对荣与辱的评价标准的价值认识。"由义为荣，背义为辱。"荣辱观不是一成不变的，会受到一定时期的社会风尚、传统习俗的影响。因此，在不同的时期和地域，人们对荣和辱的看法不尽相同。在阶级社会中，荣辱观又受一定阶级的思想影响，各个阶级会从自己所在的阶级定位出发，吸收对自己经济、政治地位有利的荣辱观点。新时代大学生社会主义核心价值观培育具有许多重要的参照，其中最重要的参照之一当属社会主义荣辱观。社会主义荣辱观不仅是我国古代先贤对荣辱观思想的论述，也是中华民族宝贵的思想财富。与此同时，更是新时代进行社会主义荣辱观教育的重要借鉴，还是我们做人的基点，正如《孟子·尽心上》中所言，"人不可以无耻，无耻之耻，无耻矣"。新时代大学生受当今社会的影响，尤其是西方资本主义思想和文化观念的影响，一旦没有坚定的信心和信仰就有可能将那些思想观念和价值观作为自身的价值观和思想观念。虽然总的来说，新时代大学生整体上仍然保持着积极向上的社会主义荣辱观，但是不可否认高校中仍然存在部分大学生持消极的荣辱观。这些消极的荣辱观导致新时代部分大学生的价值观偏离了一定的正确方向，排斥社会主义核心价值观的灌输和教育。

（五）和谐思想

和谐思想是中国传统社会中重要的价值观，是我国传统文化对自然界、人类社会普遍存在的现象的本质概括。它强调"天人合一"，追求人与自然的和谐发展。同时，也体现了人与社会、人与人、人与自身的协调统一关系。在人与自然的关系上，道家主张"人法地，地法天，天法道，道法自然"，强调人类必须遵循自然规律并把它作为自己的行动准则。儒家也认为，人与自然和谐是生存发展与社会安乐的基础，"不违农时，谷不可胜食也；数罟不入洿池，鱼鳖不可胜食也；斧斤以时入山林，材木不可胜用也"。在处理民族与国家的关系上，人们表现出"以中国为一人，以天下为一家"的广博胸襟，主张和谐共处，如《尚书·尧典》的"百姓昭苏，协和万邦"。面对矛盾，人们更多提倡"以德服人"的王道，反对轻率地诉诸武力。在处理人际关系上，老子提出"无欲""无为""无争""去甚，去奢，去泰""知止""知足"等，主张效法天道，实现相对均衡。孔子则提倡宽和处世，"己欲立而立人，己欲达而达人""己所不欲，勿施于人"。在处理身心关系上，要保持平和、恬淡的心态。面对理欲应做到"富与贵，不以其道得之，不处也"，面对穷达应做到"穷则独善其身，达则兼济天下"。

中国的"和谐"文化，实际上就是强调在事物发展的过程中把握事物的动态和走向。世间万物都存在着一定的"和谐"，这种和谐并不意味着绝对的、完全的和谐，只有在一定的事物发展中针对对立的方面才存在着这种和谐与不和谐的状态。中国的和谐文化就是将"以和为贵""求同存异"作为解决矛盾和冲突的最终法则，只有将不同置于大同的背景下才能处理和解决事物发展过程中的矛盾和困难。当今世界最强调的就是和平与发展的主题，尤其是我国人民和世界人民都十分看重中国提出的"和谐中国""和谐世界""人类命运共同体"的概念。这些概念是在中国古老的优秀传统文化的基础上保留下来的，在当今世界如此动荡和不平稳的环境下具有重要的现实意义。全世界人民都向往着世界和平，尤其是动乱国家的人民。我国近几年来社会经济的不平衡发展，导致部分地区屡次出现不和平、不和谐的现象。在中国共产党领导下，这些不和谐的现象都得到了严厉的制止和处罚，一切被发现的不和谐、威胁国家和民族安全的现象都被严厉地制止。习近平总书记强调，要把中华优秀传统文化教育作为固本铸魂的基础工程，贯穿人才培养全过程。大学生在高校期间尤其需要注重对其社会主义核心价值观的培养。由于大学生的生理和心理年龄都处在继续发展和成熟的过程，容易被国内外敌对势力和不法分子利用并胁迫做一些违法违纪、危害国家和社会与人民自身的人身和财产安全的事件，因而新时代大学生需要保持高度的警惕心，坚决不做对不起人民和国家的事情。

山雄有脊，房固因梁，任何一种价值观都不能凭空产生，当代中国价值观念的历史底蕴来源于中华五千多年来源远流长的历史文明，培育社会主义核心价值观，离不开中华传统美德最深层道德的涵养。习近平总书记指出："中华民族历史上经历过很多磨难，但从来没有被压垮过，而是愈挫愈勇，不断在磨难中成长、从磨难中奋起。"① "中华民族从来不是一帆风顺的，遇到了无数艰难困苦，但我们都挺过来、走过来了，其中一个很重要的原因就是世世代代的中华儿女培育和发展了独具特色、博大精深的中华文化，为中华民族克服困难、生生不息提供了强大精神支撑。"② 在此次新冠肺炎疫情中，我们党带领人民，进行了一场惊心动魄的抗疫大战，经受了一场艰苦卓绝的历史大考。中国的抗疫斗争充分展现了中国精神、中国力量、中国担当，充分彰显了社会主义核心价值观的精神内核。抗疫斗争伟大胜利的实践再次证明，社会主义核心价值观、中华优秀传统文化所具有的强大精神动力，是凝聚人心、汇聚民力的强大力量。总之，要坚定文化自信，推动中华优秀传统文化创造性转化、创新性发展，不断铸就中华文化新辉煌，建设社会主义文化强国。

三、新时代中国特色社会主义是社会主义核心价值观培育的理论根源

任何科学理论都是在前人理论、实践及后人的理论探索、实践基础之上

---

① 习近平. 在统筹推进新冠肺炎疫情防控和经济社会发展工作部署会上的讲话 ［N］. 人民日报，2020－02－24（02）.

② 中共中央文献研究室. 十八大以来重要文献选编（中）［M］. 北京：中央文献出版社，2016：119.

形成的，不但具有一定的理论性、科学性，更具有一定的实践性和实用性。社会主义核心价值观概括了自古以来我国传统思想的精华之处，是对中国改革开放、社会主义现代化建设以来取得成绩的经验总结，同时也是对中国特色社会主义进入新时代的社会前景的展望。社会主义核心价值取向的"三个倡导"具有重要的意义，既是对马克思列宁主义、毛泽东思想、邓小平思想、"三个代表"重要思想及科学发展观的高度概括和总结，也是习近平新时代中国特色社会主义思想的有机组成部分，又反映了对当前公民精神文明建设的高度追求。"三个倡导"为我们提供了在中国特色社会主义建设过程中提高国民社会主义核心价值观的理论基础的要求，符合我国正处于社会主义初级阶段的基本国情。理论是指导，当下开展社会主义核心价值观教育更要将理论深入解析。因此，研究新时代大学生社会主义核心价值观培育策略的理论非常必要，同时也具有重要意义。

社会主义核心价值观是"以习近平同志为核心的党中央从新时代坚持和发展中国特色社会主义、实现中华民族伟大复兴的中国梦出发，提出的重大战略思想"①。习近平总书记所作的党的十九大报告"深刻阐述了社会主义核心价值观的丰富内涵和实践要求，对培育和践行社会主义核心价值观作出许多新的重大部署，充分反映了我们党在价值理念和价值实践上达到了一个新的高度"②。深刻认识和把握社会主义核心价值观的重要地位和本质规定，在新的历史条件下和社会实践中培育和弘扬社会主义核心价值观，进一步发挥社会主义核心价值观在新时代新实践中"凝魂聚气、强基固本"的作用与特殊性、本质性的理论指导作用。

习近平新时代中国特色社会主义思想的科学内涵与时代价值，为新时代培育和弘扬社会主义核心价值观进一步指明了方向。恩格斯强调："每一个时代的理论思维，包括我们这个时代的理论思维，都是一种历史的产物，它在不同的时代具有完全不同的形式，同时具有完全不同的内容。"③ 人类社会每一次跃进，人类文明的每一次升华，都伴随着文化的历史性进步，都伴随着新价值观的历史性崛起。社会主义核心价值观不是一蹴而就的，而是在中国特色社会主义伟大实践中一步一步实践得出的，虽然社会主义核心价值观从优秀传统文化中吸取精华部分，同时吸收借鉴了包括资本主义文明成果

---

① 陈振凯. 坚持社会主义核心价值体系［N］. 人民日报海外版，2017-12-20（05）.

② 陈振凯. 坚持社会主义核心价值体系［N］. 人民日报海外版，2017-12-20（05）.

③ 中共中央马克思恩格斯列宁斯大林著作编译局. 马克思恩格斯选集：第 3 卷［M］. 北京：人民出版社，2012：873.

在内的一切优秀文明成果，但从本质上说社会主义核心价值观是与中国特色社会主义经济基础和政治制度相适应的。社会主义核心价值观体现了中国特色社会主义在国家、社会、公民方面的本质规定和基本规范，体现了我国的价值目标和理想世界，确保中国特色社会主义始终沿着正确的方向胜利前进。因此，要全面推动习近平新时代中国特色社会主义思想进学术、进学科、进课程、进教材、进读本，从历史与现实、理论与实践相结合的维度深刻理解习近平新时代中国特色社会主义思想，不断加强马克思主义理论教育，着力推动党的创新理论教育，增强大学生对党的创新理论的政治认同、思想认同、情感认同，坚定"四个自信"，进而提升大学生的文明素养、社会责任意识、实践本领，培育新时代大学生社会主义核心价值观。

"'富强、民主、文明、和谐'，这一国家层面的核心价值目标，既是中国特色社会主义进入第二个百年奋斗目标的科学内涵，又是中国特色社会主义价值本质的集中体现。中国特色社会主义从基本概念的提出到具体目标的确立，从本质上说是不断探索、明晰社会主义价值本质的过程。"① 新时代的今天，我们党带领人民经过一百年的浴血奋战，实现了从站起来到富起来，再从富起来到强起来的伟大飞跃。我们已经完成了全面小康的目标，正在向着社会主义现代化强国而奋斗，向着"十四五"规划所指出的社会文明程度得到新提高、社会主义核心价值观深入人心的目标而出发。在这一过程中，我们党的政策、方针、路线无不体现着中国特色社会主义价值本质、价值目标和发展阶段的科学论断，无不是为了实现"为中国人民谋幸福，为中华民族谋复兴"的初心和使命，也就是富强、民主、文明、和谐这一国家层面的核心价值目标。

"自由、平等、公正、法治"，体现的是新时代社会应有的基本样貌，这对社会层面的要求不再是简单的对传统文化的复制，而是符合时代变革的扬弃，这既是中国特色社会主义社会形态的价值本质，又符合中国特色社会主义历史进程的价值走向。价值观是人的信念系统，决定着人的思想取向和行为选择。确立什么样的核心价值观，直接关系着一个国家、一个政党、一个团体的精神旗帜和发展道路，深刻影响着一个国家、一个政党、一个团体的凝聚力和感召力。空谈误国，实干兴邦，中国特色社会主义不是天上掉下来的，也不是救世主创造的，而是几代中国共产党人一步一个脚印，在从时代

---

① 包心鉴. 习近平新时代中国特色社会主义思想的鲜明特质和社会主义核心价值观的本质规定 [J]. 学校党建与思想教育，2018（01）：7.

变化和中国国情出发的伟大实践中创造出来的，是中国共产党人不忘初心、牢记使命，始终把人民利益放在第一位创造出来的。"自由、平等、公正、法治"的社会层面价值取向，正生动形象地诠释着中国共产党从创立之初就始终践行着的马克思主义的价值观。

"爱国、敬业、诚信、友善"，体现的是新时代社会公民应有的基本样貌，是中国共产党人对中华优秀传统文化的精神凝练与价值提升，是中国人在几千年的历史积淀中凝结出来的文化结晶。中华民族在几千年文明烽火的传承过程中形成了"匹夫有责""埋头苦干""一诺千金""温良恭俭"等优秀品格和美好理念，这与民族优秀文化传统，与社会主义坚守的以人为本、谋求人的全面发展的价值取向十分契合，是社会主义建设实践中提炼而出的共同价值追求。进入新时代，以习近平同志为核心的党中央丰富了社会主义核心价值观。第一，在制度创新方面，提出美德教育，将马克思主义进行细分，提出要用正确的方法去看待中国的传统文化。第二，对我国传统价值观中的"德"进行创新发展，提出建立社会主义核心价值观，同时指出社会主义核心价值观对我国的文化软实力有着重要的作用，认为文化具有吸引力、凝聚力、影响力，是国家在世界发展中取得道义支持的关键，我国要加强对文化软实力的建设。第三，提出培育良好的社会主义核心价值观可以为我国在国际上树立良好的形象，同时也是我国公民行为规范的准则，可以让国家更好地实现德治和法治。

四、人类文明进步与世界和平是社会主义核心价值观培育的实践基础

2015年9月28日，习近平总书记在纽约联合国总部出席第七十届联合国大会一般性辩论，并在发表题为《携手构建合作共赢新伙伴　同心打造人类命运共同体》的讲话中指出："和平、发展、公平、正义、民主、自由，是全人类的共同价值，也是联合国的崇高目标。目标远未完成，我们仍须努力。当今世界，各国相互依存、休戚与共。我们要继承和弘扬联合国宪章的宗旨和原则，构建以合作共赢为核心的新型国际关系，打造人类命运共同体。"[①] 习近平总书记站在全人类价值共识的制高点上，提出了全人类的

---

① 习近平. 习近平在第七十届联合国大会一般性辩论时的讲话［N］. 人民日报, 2015-09-29（02）.

"共同价值"，为积极培育和践行社会主义核心价值观指明了新的方向，丰富了新的内涵，提供了新的基本遵循。"在人类步入新时代的今天，构建人类命运共同体既不是人类原初的基于生存祈求的生命共同体，也不是经济全球化资本逻辑主导下合伙开店式的利益共同体，而是要构建具有人类共同价值旨向的精神共同体。"① 社会主义核心价值观作为中国特色社会主义文化的凝结，是全人类共同价值的组成部分，与推动构建人类命运共同体存在契合点，能够为构建人类命运共同体提供价值支撑。

（一）构建人类命运共同体与社会主义核心价值观培育的契合点

中国主张各国人民同心协力，变压力为动力，化危机为生机，以合作取代对抗，以共赢取代独占。社会主义核心价值观是中华优秀传统文化的继承和发展，社会主义核心价值观作为当代中国的价值引领，是实现中华民族伟大复兴的重要支撑。人类能走到今天，绝不是仅仅靠运气，大部分时候都是人类团结互助，才能平安度过一次次危机。面对当今严峻的政治、经济、环境等问题，人类命运共同体理念是为了谋求全人类的共同利益，促进世界各国共同发展。从科学内涵来看，人类命运共同体理念与社会主义核心价值观有两个方面的相通点。

1. 价值原则共通

作为构建人类命运共同体的倡导者和践行者，中国所秉持的社会主义核心价值观与人类命运共同体构建的共同价值旨向一致。共同价值是构建人类命运共同体理念的价值基础，体现在两者超越了不同意识形态所固有的局限性，这两者是站在整个人类命运的立场上而不是只为某个国家或民族谋私利。社会主义核心价值观和人类命运共同体的理念与西方国家所宣扬的"普世价值"截然不同。它体现的是一个负责任的大国对整个人类世界的关怀，是以世界各国的整体利益为着眼点的，是中国为世界各国共同的繁荣发展所做的努力和尝试。人类命运共同体的核心思想就是"建设持久和平、普遍安全、共同繁荣、开放包容、清洁美丽的世界"②，这与我国的社会主义核心

---

① 路向峰. 人类命运共同体的文化向度 [J]. 学习论坛，2020 (06)：17.
② 中共中央宣传部. 习近平新时代中国特色社会主义思想学习纲要 [M]. 北京：学习出版社、人民出版社，2019：219.

价值观不谋而合。

构建人类命运共同体要求在政治上国与国之间要始终走相互尊重、平等协商、对话而不对抗、结伴而不结盟的交往新路，国家交往要坚决抵制冷战思维和强权政治，坚持以对话解决争端、以协商化解分歧，统筹应对传统和非传统安全威胁，反对一切形式的恐怖主义；在经济上要同舟共济，不搞贸易保护主义，推动经济全球化朝着更加开放、包容、普惠、平衡、共赢的方向发展；在文化上要求同存异，尊重世界文明多样性，以文明交流代替文明隔阂、以文明互鉴代替文明冲突、以文明共存代替文明优越；在生态上，各国要携起手来，合作应对气候变化，保护好人类赖以生存的地球家园，这些内容在我国的核心价值观中都能体现出来。它是在客观分析历史发展规律的基础上，关注时代发展的客观要求和人类整体利益所提出的新的价值准则，它反映的不仅仅是中国人民的诉求。相反，它反映的也是世界各国人民的共同价值追求，是爱好和平国家用来处理各种国际关系的共同准则。中国特色社会主义核心价值观是整个中华民族的价值追求，是全国人民在结合我国特有的实际情况基础上所形成的全国人民价值观的"最大公约数"。社会主义核心价值和共同价值彼此成就，这二者体现的是全人类对美好生活的孜孜追求，这与人类文明的发展方向十分吻合。

2. 发展目标一致

"社会主义核心价值观和人类命运共同体的发展目标是一致的，二者都体现在不断追求社会的进步，都是为了让世界变得更加美好。"[①]"富强、民主、文明、和谐"，既是作为国家层面的价值理想，也是世界各国人民共同的价值目标。近代以来，中国人民饱经磨难，中华民族饱经沧桑。纵观中国的近代史，是一部充满灾难、落后、挨打的屈辱史；是一部中国人民探索救国之路，实现自由民主的探索史；是一部中华民族抵抗侵略、打倒帝国主义以实现民族解放、打倒封建主义以实现人民富强的斗争史。自中国共产党成立以来，中国共产党所做的一切努力都是为了实现"民族独立，人民解放，国家富强，人民富裕"的目标。同样，要和平不要战争、要发展不要落后也是世界各国人民朴素而真实的愿望。"自由、平等、公正、法治"是社会层面的价值理想，是理想社会的反映。世界各国在社会制度、社会传统文化方

---

① 高雁，尹亚冲. 人类命运共同体视域下社会主义核心价值观的时代价值和传播路径 [J]. 学习论坛，2020（08）：83.

面不尽相同，但是自由、平等、公正、法治却是共同的向往。"爱国、敬业、诚信、友善"作为个人层面的价值诉求，不仅凸显了我国对公民个人品质修为的要求，同时也蕴含着对整个人类的道德规范。众所周知，在国家与国家交往的时候，"诚信"和"友善"应是其交往的基础，是人类命运共同体构建的道德要求，是全人类应共同遵守的道德规范。社会主义核心价值观与人类命运共同体的构建在发展目标的追求上，都是为了实现世界更加美好，都是希望有一个稳定的秩序从而促进经济、政治、文化的发展，构建一个自由平等、公正法治的社会。世界好，中国好；中国好，世界会更好。人类命运共同体构建思想反映了中外优秀文化和全人类共同的价值追求，适应了新时代中国与世界关系的历史性变化，成为中国引领时代潮流和人类文明进步方向的鲜明旗帜。只有人类命运共同体日渐美好，才能确保中国梦的最终实现，二者相辅相成。显然，社会主义核心价值观是实现中国梦的精神动力，共同价值是建构人类命运共同体的价值基础，二者融汇在实现世界梦的实践过程中。

（二）在人类命运共同体的构建中践行社会主义核心价值观

在构建人类命运共同体实践中培育和践行社会主义核心价值观，需要把握好民族身份和共同体成员身份的统一，关注人类面临的共同问题与共同愿景，并在实践中身体力行，可以从以下四个方面着手。

一是致力于人类远离落后。"我们有义务对贫穷的国家给予力所能及的帮助，有时甚至要重义轻利、舍利取义，绝不能惟利是图、斤斤计较。"[①]中国共产党作为世界上最大的政党，坚持扩大开放，做到集思广益、尽施所长、惠及各方，同时，本着开放、绿色、廉洁理念，追求高标准、惠民生、可持续目标，把支持联合国 2030 年可持续发展议程融入共建"一带一路"，对接国际上普遍认可的规则、标准和最佳实践，这就使当代中国价值观念走向世界，折射了中国特色社会主义文化自信。为了远离恐惧、远离贫困、远离封闭、远离污染，我们党将努力为建设一个持久和平、普遍安全、共同繁荣、开放包容、清洁美丽的世界而奋斗，通过推动中国发展给世界创造更多机遇，通过深化自身实践探索人类社会发展规律并同世界各国分享。在这一过程中，中国时刻秉承着社会主义核心价值观，致力于消除贫困和落后，把

---

① 王毅. 坚持正确义利观　积极发挥负责任大国作用——深刻领会习近平同志关于外交工作的重要讲话精神［N］. 人民日报，2013－09－10（07）.

世界建设成为一个富裕、文明、进步的世界。

二是致力于人类和平安宁。邓小平同志曾说："世界很大，复杂得很，但一分析，真正支持战争的没有多少，人民是要求和平、反对战争的。"①中国共产党主动参与国际热点难点问题的政治解决进程，如参与联合国维和行动。截至 2020 年，中国维和 30 年间累计派出 4 万余人次维和人员，从工兵、医疗等支援保障分队到警卫、步兵等作战分队，中国军人全方位加入联合国的 25 项维和行动，其中 20 余名维和军警牺牲。中国成为维和行动主要出兵国和第二大出资国，是联合国维和行动弥足珍贵的关键力量。中国在一次次维和行动中践行着人类命运共同体的人间正道，也在一次次维护行动中践行着社会主义核心价值观，用"平等、法治"的思想做世界和平的文化建设者、全球发展的贡献者、国际秩序的维护者。

三是致力于人类共同发展。发展是人类社会永恒的主题，"发展是党执政兴国的第一要务，是解决中国所有问题的关键"②。中国共产党坚持生存权和发展权为首要的基本人权，把提升人民福祉、保障人民当家作主、促进人的全面发展作为发展的出发点和落脚点，有效保障了人民发展权益。同时，我们党积极奉行防御性的国防政策，中国虽逐步强大起来，但绝不会走"国强必霸"的路子，决不会为了发展自己而牺牲他国利益，中国的发展寻求的是共赢的发展，绝不会对任何国家构成威胁，中国坚决反对把自己的意志凌驾于他人。中国是爱好和平的国家，无论发展到何种程度都永远不称霸，反对以强凌弱，也决不放弃自己的正当权益。同时，中国共产党积极参与全球治理，在尊重各国人民自主选择发展道路权利的基础上，支持各国特别是广大发展中国家发展，提供了大量无偿援助、优惠贷款，提供了大量技术支持、文化支持、人员支持、智力支持，为广大发展中国家建成了大批经济社会发展和民生改善项目。当前，成千上万的中国科学家、工程师、企业家、技术人员、医务人员、教师、普通职工、志愿者等正奋斗在众多发展中国家广阔的土地上，同当地民众手拉手、肩并肩，帮助他们改变命运，推动建设相互尊重、公平正义、合作共赢的新型国际关系，也践行着"平等、和谐"的社会主义核心价值观。

四是致力于人类文明交流互鉴。"文明因多样而交流，因交流而互鉴，

---

① 邓小平. 邓小平文选：第 3 卷 [M]. 北京：人民出版社，1993：127.

② 习近平. 在庆祝中国共产党成立 95 周年大会上的讲话 [N]. 人民日报，2016－07－02（02）.

因互鉴而发展。"① 中国共产党实行积极主动的开放政策，形成全方位、多层次、宽领域的全面开放交流新格局，愿意同世界各国人民和各国政党开展对话和交流合作，支持各国人民加强人文往来和民间友好。未来 5 年，中国共产党将向世界各国政党提供 1.5 万名人员来华交流的机会，并将中国共产党与世界政党高层对话会机制化，使之成为具有广泛代表性和国际影响力的高端政治对话平台。这些为我们党传承革命文化、发展先进文化，努力创造光耀时代、光耀世界的中华文化，并致力于提升坚守初心与使命的文化自信提供了坚实保障，切实体现了我们国家社会主义核心价值观"文明友善"的精神内核，尽显大国格局、大国风范、大国精神。

第三节　新时代大学生社会主义核心价值观培育的新要求和新方略

一、新时代展示大学生社会主义核心价值观培育的鲜明特色

在历史的滚滚洪流中，一个国家和民族想要发展，想要前进，就必须顺应历史规律，与时俱进。党的十九大报告指出："中国特色社会主义进入了新时代，这是我国发展新的历史方位。"② 中国共产党自成立之日起就确立了自己的初心和使命，在 21 世纪的新时代，中国共产党初心和使命的具体内涵就是领导全国上下实现中国梦，实现国家复兴。而要完成这个伟大的历史使命，需要一种强大的精神力量，也就是用社会主义核心价值观来团结全国人民，继续传递和发扬中国优秀思想的精华，丰富中国精神、中国价值和中国在新时代的新力量，为我国的伟大征程提供连绵不绝的精神动力。任何国家或者民族想要向前发展，都必须要有共同价值观的指引。要在全社会培育弘扬社会主义核心价值观，让党员干部紧抓"四个意识"，增强全体人民的"四个自信"，让理想信念的明灯永远在全国各族人民心中闪亮。要坚持不懈、持之以恒地落实好社会主义核心价值观建设，为国家、民族的前进提

① 习近平. 深化文明交流互鉴　共建亚洲命运共同体——在亚洲文明对话大会开幕式上的主旨演讲 [N]. 人民日报，2019-05-16（02）.

② 习近平. 决胜全面建成小康社会　夺取新时代中国特色社会主义伟大胜利——在中国共产党第十九次全国代表大会上的报告 [M]. 北京：人民出版社，2017：10.

供不竭的精神动力。

第一，要深入把握新时代中国特色社会主义核心价值观建设的内容。党的百年奋斗目标指出，到 2050 年，我国要建设成为富强民主文明和谐美丽的现代化强国。这一目标与国家层面的社会主义核心价值观相比多了"美丽"这个要求。这一细小的不同是我国社会主义发展、时代进步的结果，同时也大大丰富了社会主义核心价值观的内在含义。从社会生活方面来说，新时代人民对美好生活的需要范围逐渐宽广，人民不仅对物质生活提出了更高要求，而且在自由民主、公平正义、绿色减排、安全健康等方面的要求也逐渐增长。这也就要求当前社会主义核心价值观的培育践行要符合新时代发展，符合人民群众的需要。个人层面上，新时代人民的需要更加多样，这使基本道德标准的公民教育更为复杂和严峻。

第二，要深入把握新时代中国特色社会主义核心价值观建设的重要性。当今世界正面临百年未有之大变局。和平与发展仍是当今时代主题，但世界的不稳定性、不确定性突出；全球治理体系和国际秩序变革加速，贫富分化日益严重；国际力量对比更趋平衡，各国相互联系和依存日益加深，但地区热点问题此起彼伏，非传统安全威胁持续蔓延。同时，由于近年来中国快速崛起，"中国威胁论""中国责任论""中国崩溃论"等一系列不利于我们国家的言论甚嚣尘上。就国内来说，我国社会主要矛盾已经转化为人民日益增长的美好生活需要和不平衡不充分的发展之间的矛盾。正处于重要战略机遇期，能否走好走稳当前道路对我国未来发展至关重要。面对盘根错节的国际形势、任重道远的国内改革发展任务，特别是新冠肺炎疫情的严重冲击，社会主义核心价值观建设将有效发挥自己的功能，把握我国发展需要，抓准时机，多管齐下。习近平总书记指出："没有先进文化的积极引领，没有人民精神世界的极大丰富，没有民族精神力量的不断增强，一个国家、一个民族不可能屹立于世界民族之林。"[①]中国是一个幅员辽阔、民族众多的人口大国，在这样一个社会主义国家，如何凝聚全国人民的力量，促进社会主义建设，是中国目前发展所不能避免的一个重大问题。在全社会培育和践行社会主义核心价值观，能够发挥其导向功能，将全民族的思想力量化为社会主义建设的实际行动，为实现中华民族伟大复兴中国梦提供力量支持和思想支撑。社会主义核心价值观的培育和践行需要我们在细节上、小事上落到实

---

① 中共中央文献研究室. 十八大以来重要文献选编（中）［M］. 北京：中央文献出版社，2016：121.

处，久久为功、行稳致远、善作善成，把社会主义核心价值观内化于心、外化于行并指导我们的行动，提升个人思想道德品质，营造美好的社会环境，建设社会主义现代化强国。

第三，社会主义核心价值观建设以新时代中国特色社会主义思想为指导方针。每一个时代都会产生自己独特的指导思想；反之，这个指导思想也会指引着这个时代的前进方向。习近平新时代中国特色社会主义思想是中国特色社会主义前进道路的灯塔。新时代社会主义核心价值观建设要以马克思主义中国化的最新思想理论成果作为自己的行动指南，把新思想执行落实到新时代中国特色社会主义核心价值观建设的全方位和全过程，进一步推进全体党员的"四个意识"和全国人民的"四个自信"的加强。近年来，学习宣传贯彻党的创新理论取得明显成效，《习近平谈治国理政》一系列丛书、《习近平新时代中国特色社会主义思想三十讲》、《深入学习习近平关于教育的重要论述》等书大为畅销，《厉害了，我们的新时代》《思想的田野》《马克思是对的》等许多电视理论节目广受欢迎，马克思主义及其中国化理论成果深入人心。人们越来越认识到，只有马克思主义及其一系列中国化理论成果能够领导中国人民实现复兴梦想，只有习近平新时代中国特色社会主义思想能够带领人民走向现代化，创造更加幸福美好的生活。

第四，在社会主义核心价值观的建设过程中致力于培养时代新人。每一个时代都有自己的使命。党的十九大报告指出，"要以培养担当民族复兴大任的时代新人为着眼点"[①] 进行社会主义核心价值观的培育。面对新时代新要求，要用社会主义核心价值观扣好青少年人生的第一粒纽扣，发挥社会主义核心价值观的导向功能，指导人们的实践。社会主义核心价值观建设要立足于新时代的历史方位，培育能够带领中华民族实现伟大中国梦、实现民族复兴的时代新人。2021 年 4 月 19 日，习近平总书记在清华大学考察时说道："当代中国青年是与新时代同向同行、共同前进的一代，生逢盛世，肩负重任。"[②] 青年要有"乱云飞渡仍从容，风雨无阻更向前"的理想信念。青年是国家和民族的希望。只有把理想信念真正融入血脉、植入灵魂，成为精神上的主心骨、理论上的定盘星、行动上的指南针，才能坚定政治信仰、坚守政治立场，不当"精致的利己主义者"，不做言行不一、表里不一的

---

① 习近平. 决胜全面建成小康社会　夺取新时代中国特色社会主义伟大胜利——在中国共产党第十九次全国代表大会上的报告［M］. 北京：人民出版社，2017：42.
② 习近平. 坚持中国特色世界一流大学建设目标方向　为服务国家富强民族复兴人民幸福贡献力量［N］. 人民日报，2021－04－20（01）.

"两面人"。社会主义核心价值观建设，说到底是人的思想建设、灵魂建设，所追求的就是要塑造一批有志、有才、有为、有识、有德的，具有正确"三观"的中国特色社会主义伟大事业的建设者和接班人，要用青春铺路，让理想延伸，为实现中国梦增添强大青春能量。要进一步探求培育时代新人的标准和规范，把"培育价值观"的目标和"培养人"的目标联结起来，深化社会主义核心价值观的内涵和外延。

二、新使命增强大学生社会主义核心价值观培育的时代担当

回顾历史，我们不难发现，青年群体往往都是站在历史发展的风口浪尖：1919 年 5 月 4 日，觉醒的大批青年学生掀起了一场彻底的反对帝国主义和封建主义的"五四"爱国运动，拉开了中国新民主主义革命的序幕；1921 年 7 月，中共"一大"于沪召开，参会的 13 名代表，平均年龄仅有 28 岁，其中最年轻的只有 19 岁；新中国成立伊始，在党和国家的号召下，大批青年前往苏联深造学习以建设一穷二白的新中国。2020 年，一场突发的新冠肺炎疫情席卷全国，其中武汉成了重灾区。在这场抗疫战斗中，白衣执甲、逆行出征的医务工作者，闻令而动、敢打硬仗的人民子弟兵，真诚奉献、不辞辛劳的志愿者等以实际行动诠释了社会主义核心价值观的真谛。而这些逆行者中，青年一代发挥了重要作用。习近平总书记在纪念五四运动 100 周年大会上号召，"新时代中国青年要珍惜这个时代、担负时代使命，在担当中历练，在尽责中成长，让青春在新时代改革开放的广阔天地中绽放，让人生在实现中国梦的奋进追逐中展现出勇敢奔跑的英姿"①。每一代青年都有自己特定的使命和责任，当代青年大学生要有"挽狂澜于既倒，扶大厦于将倾"的果敢担当。青年要有明知山有虎、偏向虎山行的壮举，在"难啃的骨头"面前勇于担当，磨砺意志，锤炼作风。新时代新使命，大学生要有新作为、新担当，在新时代大学生社会主义核心价值观培育过程中，要在为中国人民谋幸福、为中华民族谋复兴的使命感召下增强新时代大学生立大志、明大德、成大才、担大任的时代担当。

第一，立大志要立爱国之志。21 世纪的新时代大学生应该有"一身能擘两雕弧，虏骑千重只似无"的远大志气，忠于祖国、忠于人民，争做"一寸丹心图报国"的爱国者。爱国主义历来是中华民族团结奋斗的一面旗帜，

---

① 习近平. 在纪念五四运动 100 周年大会上的讲话 [M]. 北京：人民出版社，2019：8—9.

在团结和凝聚起中华儿女应对风云变幻的风险挑战中彰显了强大的中国精神和中国力量。翻开中国近代史的画卷，战败、割地、赔款，多少屈辱和苦难，让中国人民历经磨难。近两百年来，中华民族实现从"东亚病夫"到"世界第二大经济体"的转变，有无数仁人志士前赴后继，付出了血与泪的代价，换取了今天的幸福生活。孙中山为唤醒民智四处奔忙，建立中华民国开启曙光；"中国核潜艇之父"黄旭华，在忠国与孝亲面前做出无悔选择，三十年如一日地工作，为中国先进的核潜艇事业奋斗；"平沙莽莽黄入天，英雄埋名五十年"的林俊德，在生命的最后时刻还在进行着一名国防科技战士一生中最艰难也是最后的冲锋；"杂交水稻之父"袁隆平扎身农田，挥汗如雨，以坚毅的信念培育万顷秧苗，解决约占世界 1/5 人口的温饱问题……更有不计其数的爱国者、奉献者，此刻正默默无闻地在工作岗位上践行爱国本分、报国职责。习近平总书记指出："对新时代中国青年来说，热爱祖国是立身之本、成才之基。"① 忠于祖国、忠于人民不仅仅只是一句口号。在脱贫攻坚的主战场，20 万驻村第一书记、上百万从事脱贫工作的同志中，青年也是主力军，他们在异常艰苦的条件下带领人民群众脱贫致富，"不获全胜决不收兵"；在喀喇昆仑边境线上，戍边官兵"清澈的爱，只为中国"，用生命践行"绝不把领土守小了，绝不把主权守丢了"的铮铮誓言；在抗击新冠肺炎疫情中无数逆行的白衣战士，不乏"95 后""00 后"，他们说"我从未如此坚定""越是艰难越向前"。无数青年用自己的实际行动书写了爱国情、强国志、报国行，彰显了新时代青年的英雄本色。在新时代进行青年大学生社会主义核心价值观建设，要把爱国主义教育融入其中，赓续共产党人的精神血脉，奋勇前进。

第二，明大德要锤炼品德修为。国无德，存之不久；人无德，行之不远。新时代大学生社会主义核心价值观培育，要注重加强品德修养，不断提高新时代大学生的思想水平、政治觉悟、道德品质、文化素养。侠之大者，为国为民。从李大钊、瞿秋白等在战火中挺立的英烈，到焦裕禄、王进喜等建设时期成长的栋梁，再到杜富国、钟南山、张桂梅等改革时代涌现的时代楷模，中国共产党百年奋斗史就是一首英雄赞歌。一个国家和民族的发展离不开榜样的力量。正如习近平总书记强调，新时代中国青年要"善于从中华民族传统美德中汲取道德滋养，从英雄人物和时代楷模的身上感受道德风

---

① 习近平. 在纪念五四运动 100 周年大会上的讲话［M］. 北京：人民出版社，2019：7.

范"①。因而，新时代大学生要自觉树立和践行社会主义核心价值观，不仅要从英雄人物和时代楷模中感受道德风范，而且要从同辈优秀群体中汲取榜样力量，比如向"最美大学生"学习，从内省中提升道德修为，锤炼道德品质，树立正确的人生观、价值观。正所谓，才者，德之资也；德者，才之帅也。在青年大学生的社会主义核心价值观建设过程中，一定要注重大学生的思想道德建设，努力把青年大学生塑造成为"丈夫须兼济，岂能乐一身"的大爱之人。

第三，成大才要勇于砥砺奋斗。故立志者，为学之心也；为学者，立志之事也。习近平总书记指出："广大青年要培养奋斗精神，做到理想坚定，信念执着，不怕困难，勇于开拓，顽强拼搏，永不气馁。"② 新时代大学生生活的条件变好了，但是奋斗精神不能忘，要保持勇于奋斗的精神状态、乐观向上的人生态度，努力做到刚健有为、自强不息。在社会主义核心价值观培育中，新时代大学生要传承弘扬奋斗精神，接力奋斗、不懈奋斗、永久奋斗，坚持把人民对美好生活的向往作为奋斗目标。新时代大学生要成大才离不开砥砺奋斗，这是由我国的国情和时代所要求的。一方面，当今世界正处于百年未有之大变局，传承伟大奋斗精神既是我们抓住机遇的要求，也是我们应对挑战的要求。要抓住新一轮科技革命的先机，为建设社会主义现代化强国、实现中华民族伟大复兴提供支撑，这就要求新时代大学生要有勇攀高峰的奋斗精神。另一方面，我国正处于全面建设美好生活的新起点新征程，人们对美好生活的向往同不平衡不充分的发展之间矛盾仍然突出，奋斗精神是满足人民对美好生活向往的支柱，是满足人民对美好生活期待的精神密码。虽然脱贫攻坚战取得全面胜利，但是脱贫摘帽不是终点，而是新生活、新奋斗的起点。这就要求新时代大学生要肩负责任，以社会主义核心价值观引领伟大奋斗精神，树立持续而又不失创新的奋斗精神，展现新时代的新作为。"古之立大志者，不惟有超世之才，亦必有坚韧不拔之志。"新时代大学生的成长之路，会有平川也会有高山，会有缓流也会有险滩，会有春日也会有风雨，唯有将理想信念熔铸在脚踏实地的奋斗中，提升奋斗本领、保持奋斗姿态，做坚定的青春奋斗者。

第四，担大任要练就过硬本领。练就过硬本领回答了在新时代大学生社会主义核心价值观培育中，大学生需要具备何种能力和素质的问题。有人

---

① 习近平. 在纪念五四运动 100 周年大会上的讲话 [M]. 北京：人民出版社，2019：12.
② 习近平. 在北京大学师生座谈会上的讲话 [M]. 北京：人民出版社，2018：12.

说，19 世纪是资本和文学的世纪，20 世纪是战争和创伤的世纪，那么 21 世纪则是信息革命的世纪。21 世纪是一个信息大爆炸的时代，在这个时代最重要的是创新能力和创新精神。青年大学生要不断培养创造性思维和创新能力、善于学习知识和更新知识，磨炼意志，增长才干；瞄准世界经济和科学技术发展的前沿，创造性地学习和掌握现代科学文化知识，大胆地进行探索和创新，促进科学技术成果向现实生产力的转化，努力成为当代先进生产力的代表。当今世界处于百年未有之大变局，科技发展速度前所未有，大学生们面临着建功立业的大好时机。但与此同时，进入新时代，青年大学生还需要跨越更多的"雪山"，还需要征服更多的"娄山口""腊子口"，这就对新时代大学生的能力素质提出了更高的新要求，要求大学生必须牢记初心和使命，要有"滚石上山不松劲"的韧劲、"风雨浸衣骨更硬"的意志和"快马加鞭未下鞍"的勇气以及"愿得此生长报国"的担当。当前复杂的国际环境和科技发展现状表明，国家比以往任何时期都更加重视和需要创新突破和创新能力。中兴、华为的遭遇早已给我们敲响了警钟，加快攻克重要领域"卡脖子"技术势在必行。要攻坚"卡脖子"难题，新时代大学生要自觉承担起时代的重担。在新时代大学生社会主义核心价值观培育中，要引导学生将个人理想与国家的前途和命运相结合，培养社会责任感，增强创新本领，开拓新领域。一方面，新时代大学生要抓住苦练本领、增长才干的黄金时期，打下终身受益的学习基础；另一方面，新时代青年大学生要努力学习，在仰望星空的同时也要脚踏实地，拥有远大志向的同时也要专心学习专业知识，并把学习到的知识运用到实践中，在实践中感悟，在锻炼中成长。

三、新判断赋予大学生社会主义核心价值观培育的迫切任务

新时代产生新判断。党的十九大报告指出："我国社会主要矛盾已经转化为人民日益增长的美好生活需要和不平衡不充分的发展之间的矛盾。"[①]我国社会主要矛盾有三次历史性变迁。第一次是党的八大指出的"我们国内的主要矛盾，已经是人民对于建立先进的工业国的要求同落后的农业国的现实之间的矛盾，已经是人民对于经济文化迅速发展的需要同当前经济文化不

---

① 习近平. 决胜全面建成小康社会 夺取新时代中国特色社会主义伟大胜利——在中国共产党第十九次全国人民代表大会上的报告 [M]. 北京：人民出版社，2017：11.

能满足人民需要的状况之间的矛盾"①。这一阶段的社会主义矛盾是基于一穷二白的国情作出的判断。第二次是党的十一届六中全会指出的"在社会主义改造基本完成以后，我国所要解决的主要矛盾，是人民日益增长的物质文化需要同落后的社会生产之间的矛盾"②。这一时期，对于社会主要矛盾的转换顺应了历史发展的潮流，符合广大人民群众的意愿。第三次是党的十九大报告指出的"我国社会主要矛盾已经转化为人民日益增长的美好生活需要和不平衡不充分的发展之间的矛盾"③。这一社会主要矛盾转换，折射了人民对美好生活的向往，在解决这一社会主要矛盾过程中，将伴随着文化高度繁荣发展的新气象，将更加坚定文化自信，展现中国底气。

六十多年的时间里，我国社会的主要矛盾一共发生了三次变化。从"经济文化需要"到"物质文化需要"再到"美好生活需要"，从解决"落后的农业国的矛盾"到"落后的社会生产的矛盾"再到"不平衡不充分的发展"的问题，这些变化反映了时代的变化和要求，适应了我国的现实需要，体现了我国社会主义制度与时俱进、与时偕行、与时俱化、与时俱新的特点。只有牢牢把握我国社会发展的阶段性特征，以人民为中心，以人民群众的需求作为一切工作的出发点和落脚点，才能针对变化了的实际制定出正确的路线、方针、政策。社会主义核心价值观的培育要立足于实际，立足于变化发展着的社会主要矛盾，把握新的使命，观照人民群众的新需要，把社会主义核心价值观建设融入社会主义现代化建设的全局和全过程，满足人民群众的物质需要和精神需要，解决好发展问题。

第一，社会主义核心价值观建设要符合实际，要根据国情的变化而不断加以改变。中国特色社会主义进入新时代，我国社会的主要矛盾经过党和人民六十多年的努力奋斗而有了一些变化，经过前期六十多年的积累，产生了部分质变。但是我国处于社会主义初级阶段的本质并没有发生改变，只是在内涵和特征上发生了一些变化。经过几十年的快速发展，人民群众的需求欲望被刺激激发，但是我国的发展仍是不平衡不充分的，社会总供给与社会总需求之间还有一定差距；贫富差距不仅存在阶级之间，还存在不同地域之间；不同利益群体之间的冲突进一步加剧；多元文化的冲击、外来文化的入

---

① 中共中央文献研究室. 建国以来重要文献选编：第 9 册［M］. 北京：中央文献出版社，1994：341.

② 中共中央文献研究室. 改革开放三十年重要文献选编（上）［M］. 北京：中央文献出版社，2008：212.

③ 习近平. 习近平谈治国理政：第 3 卷［M］. 北京：外文出版社，2020：9.

侵使得社会共识越来越难以达成。这些现象对社会主义核心价值观的建设有一定影响。所以，目前的社会主义核心价值观培育践行必须要立足于变化发展了的实际，利用现有的资源和基础，面对新情况，解决新问题，促进社会主义核心价值观培育的新发展。

第二，社会主义核心价值观建设要关心人民群众美好生活的需要。人民群众的需要既包括物质层面的需要，也包括精神层面的需要。一方面，社会主义核心价值观建设能够促进社会生产力发展，创造出巨大的物质财富以满足人民群众的物质生活需要。在全社会培育和践行社会主义核心价值观能够帮助人们树立正确的世界观、人生观和价值观，指导他们的行为，从而在全社会形成良好的氛围和风尚。一个国家和民族的人民，如果拥有了高尚的道德素质，那么这个国家就会和谐稳定。有了稳定的外部环境，人民也就能够安心学习、工作、生活，使社会焕发出巨大的生机与活力，激发其社会生产力，创造出足够多的物质财富以满足自身。另一方面，没有物质基础保障，人民幸福谈何而来，贫穷不是社会主义，只有当人民群众的物质生活达到一定程度后，精神需求才会成为影响人民幸福的主要因素。与人的物质生活需要相比，满足人的精神生活则更为艰难。当前，随着互联网的飞速发展，个人主义等思潮在某些领域混淆视听，颠倒黑白。这在一定程度上削弱了我国人民对民族文化的认同，比如出现了理想信念缺失、政治信仰淡化和价值取向扭曲等问题，从而严重地影响了人民群众的幸福感。因此，社会主义核心价值观建设过程中要把提高人民的幸福感作为一项重要工作，凝聚起全体社会成员的价值共识。

第三，社会主义核心价值观培育要关注不平衡不充分的发展问题。中国特色社会主义经过几十年的发展，已经从当初的"一穷二白"变为如今的世界第二大经济体。但是我们需要注意的是，虽然今天的中国发展已经进入了新的历史方位，但是仍有发展不平衡不充分的问题亟待解决。社会主义核心价值观的培育践行要关注不平衡不充分的发展的实际情况，要把高速发展转变为高质量发展，把以规模和速度取胜转变为以质量和效益取胜，要由"制造"转为"智造"，从注重效率到注重公平从而实现全社会共同富裕。在21世纪中叶建成社会主义现代化强国的目标任务艰巨而繁重，社会主义核心价值观的培育应该关注目前发展所面临的实际问题，让社会主义核心价值观在社会主义现代化强国的建设实践中得以培育和践行。"纲举而目张，本固而末茂。"进入新时代，我国社会的主要矛盾发生巨大变化，这要求我们必须在这一背景下加强社会主义核心价值观建设，早日满足人民群众的美好生活需要，实现平衡充分的发展。

四、新思想指明大学生社会主义核心价值观培育的重要意义

每一个时代都有自己这个时代的指导思想，中国特色社会主义进入新时代面对这一时代环境，习近平新时代中国特色社会主义思想应运而生；同时，这一思想又指导引领着中国特色社会主义新时代的进程。习近平总书记指出："今天，新时代中国青年处在中华民族发展的最好时期，既面临着难得的建功立业的人生际遇，也面临着'天将降大任于斯人'的时代使命。"①20世纪初梁启超先生"少年胜于欧洲则国胜于欧洲，少年雄于地球则国雄于地球"的呐喊仿佛还在耳边回响。青年与国家的前途命运紧密相通，每一个时代的青年都有自己的责任和使命。新时代青年的责任和使命就是完成中华民族伟大复兴的梦想，大学时期是青年扣好人生"扣子"的关键时期，也是他们树立正确"三观"的关键时期，必须把新时代大学生社会主义核心价值观培育工作落实好。

每一个时代都有不同的指导思想。在新时代，青年大学生的社会主义核心价值观建设必须以新时代的指导思想作为方针和指南，21世纪的新时代就是要把马克思主义中国化最新理论成果作为自己的指导思想。想要落实好新时代大学生社会主义核心价值观建设，必须要抓好马克思主义中国化最新理论成果的宣传教育。坚持把马克思主义思想作为前进道路上的指向标，是坚持社会主义核心价值观建设正确方向的前提。习近平新时代中国特色社会主义思想是产生于当代中国伟大建设实践的马克思主义最新理论成果，是中国共产党最新经验和智慧的结晶，用这一马克思主义中国化最新理论成果来指导大学生社会主义核心价值观建设是我们的首要选择。要把这一最新理论成果融入大学生思想政治教育的全方位、全过程，使社会主义核心价值观教育与当前形势相结合，与我国的社会主义伟大实践相结合。

第一，青年一代的人才培养是关键。青年就是未来，青年就是希望，青年就是传承，青年一代的人才培养关乎国家、民族伟大事业是否后继有人、绵绵不绝，必须尽力而为，极力而为。习近平总书记指出："现在，我们比历史上任何时期都更接近中华民族伟大复兴的目标，比历史上任何时期都更

---

① 习近平. 习近平谈治国理政：第3卷［M］. 北京：外文出版社，2020：333.

有信心、有能力实现这个目标。"① 从 2021 年起到 2050 年，是我国能否建成现代化强国的攻坚爬坡期，也是青年一代大学生成长成才发挥作用的千载难得的机遇。我国百年奋斗目标的实现正好与青年成长成熟的历程相契合。"以国为国，以天下为天下。"青年大学生要深刻把握习近平新时代中国特色社会主义思想的内在含义及其意义，做到常学常新、真信真学、学思践悟、知行合一。

第二，新的时代，新的历史方位，需要我们用习近平新时代中国特色社会主义思想来武装当代青年大学生。用新思想来对当代大学生的价值观进行培养，能帮助大学生学习和掌握党的路线方针政策，也为学生走向社会打下坚实的基础，坚定共产主义理想信念，让他们在思想上与党中央保持高度一致。在中国革命、建设和改革的各个时期，革命党人之所以有"砍头不要紧，只要主义真"的大义凛然，有"今日长缨在手，何时缚住苍龙"的万丈豪情，有"一往无前、誓破楼兰"的拼劲决心，在于共产党人坚定的理想信念。在新时代，进行许多具有新的历史特点的伟大斗争，也必须依靠理想信念凝聚起磅礴力量，用习近平新时代中国特色社会主义思想来武装青年大学生的头脑，让他们在今后的生活中日积月累、久久为功，推动社会主义核心价值观教育常态化、制度化，推动社会主义核心价值观在日常生活中内化于心、外化于行，落实每一件事，真诚友善对待每一个人。

第三，新时代青年大学生正确"三观"的树立，离不开习近平新时代中国特色社会主义思想对青年大学生的指引。习近平总书记强调："要在加强品德修养上下功夫，教育引导学生培育和践行社会主义核心价值观，踏踏实实修好品德，成为有大爱大德大情怀的人。"② 社会主义核心价值观建设主要是关于"学什么知识、做什么人和为什么人"的思考。"学什么知识"，大学生社会主义核心价值观教育要学习马克思主义。习近平总书记指出："无论时代如何变迁、科学如何进步，马克思主义依然显示出科学思想的伟力，依然占据着真理和道义的制高点。"③ 马克思主义自成立以来一直在实践中检验发展，是我国的根本指导思想。学习马克思主义能够帮助我们形成正确的世界观和方法论，能够让我们沿着共产主义的康庄大道直行而不偏离航线。"做什么人"，这是大学生社会主义核心价值观培育的目标。习近平

---

① 习近平. 习近平谈治国理政：第 2 卷 [M]. 北京：外文出版社，2017：57.
② 习近平. 坚持中国特色社会主义教育发展道路　培养德智体美劳全面发展的社会主义建设者和接班人 [N]. 人民日报，2018-09-11（01）.
③ 习近平. 习近平谈治国理政：第 2 卷 [M]. 北京：外文出版社，2017：329.

总书记指出：“今天的学生就是未来实现中华民族伟大复兴中国梦的主力军，广大教师就是打造这支中华民族‘梦之队’的筑梦人。”① 青年要有“挽狂澜于既倒，扶大厦于将倾”的果敢担当，要有明知山有虎、偏向虎山行的壮举，在“难啃的骨头”面前勇于担当、磨砺意志、锤炼作风、砥砺品格。在新的情况下面对无法避免的新挑战，我们要大胆研究，坚定理想信念不动摇，从容镇定不慌乱。中国复兴梦必然会在新时代青年一代实现，青年大学生要积极投身于社会主义实践，在实现自己青春梦想的同时汇聚成力量实现中国梦。“培养什么人、为谁培养人、怎样培养人”不仅是社会主义核心价值观建设需要思考的问题，同时也是我国教育事业需要思考的问题。社会主义核心价值观建设要为我们国家和民族培育一支能够自觉到人民中去建功立业、让青春之花绽放在人民最需要的地方、把自身梦想融入十几亿人民实现中国梦的壮阔奋斗之中的中华民族“梦之队”。

---

① 习近平. 做党和人民满意的好老师——同北京师范大学师生代表座谈时的讲话［N］. 人民日报，2014-09-10（02）.

第三章　新时代大学生社会主义核心价值观培育的历史进程及其内在规律

　　新时代大学生社会主义核心价值观培育既是一个理论问题也是一个实践问题。在实际中将理论运用于实践，促进大学生将社会主义核心价值观内化于心、外化于行是一个长期而又艰巨的任务。因而，进行社会主义核心价值观培育不是盲目地进行，而是要总结经验、提炼办法，这样才能有条不紊地推进新时代大学生社会主义核心价值观培育工作。为了进一步提升新时代大学生社会主义核心价值观培育的实效性，进一步推动国家、社会、高校对当前新时代大学生社会主义核心价值观培育的路径创新，我们需要充分认识大学生社会主义核心价值观培育的不同历史阶段，深刻把握大学生社会主义核心价值观培育规律。同时，进一步发现在其培育过程中面临的问题，进一步分析其中的原因并由此吸取经验教训，在新时代大学生社会主义核心价值观培育的工作中理清思路、改进方法，增强实践效果。

第一节　大学生社会主义核心价值观培育的历史进程

　　我国大学生社会主义核心价值观培育由来已久，党的十一届三中全会是我们党历史上具有深远意义的伟大转折。至此，我国正式进入了改革开放和社会主义现代化建设的新时期，与此同时我国大学生社会主义核心价值观建设也翻开了崭新的一页。20 世纪 80 年代改革开放以来，伴随着党的理论和实践的不断创新进步，大学生的价值观也经历了多重的洗礼，经受了时代的挑战和考验。2017 年党的十九大确立了习近平新时代中国特色社会主义思想的历史地位，作出了中国特色社会主义已经进入新时代、社会主要矛盾发生转变的重要论断。在新思想的指导之下中国的历史翻开新的一页，新时代大学生社会主义核心价值观培育迎来了新的篇章。本章将大学生社会主义核心价值观的培育分成三个阶段，充分认识和了解这些阶段的特征，有助于对新时代大学生社会主义核心价值观培育进行深入分析。

一、新时期大学生社会价值共识培育的初步探索

20 世纪 70 年代至 90 年代初，由于国内外局势风云变幻，高校思想政治教育工作者努力克服之前的极"左"思潮影响，克服国际环境的激烈冲击，并致力于普及和培育青年大学生的社会价值共识，促进青年大学生社会价值观的进步。

（一）大学生社会价值共识培育的国内外背景

改革开放以来，中国整个社会发生了深刻的变革，主要强调对价值秩序的重构和现有制度的完善。在这个阶段中国大学生的价值共识培育面临着国内国外双重压力。首先，在国内还残留着极"左"思想的影响，尤其是国内思想文化界存在着一定的混乱、社会舆论的错误引导。其次，国际环境也危机重重。20 世纪末，第一个社会主义国家苏联轰然倒塌，冷战时期的两极格局正式结束。苏联解体带来的严重后果是社会主义阵营的力量受到严重打击，国际共产主义运动陷入低潮，很多人、很多国家都开始怀疑社会主义的可行性，西方敌对势力开始把矛头直指中国，意识形态的斗争日益激烈。苏联的解体为我国敲响了警钟，促使中国增强忧患意识，中国共产党要引以为戒，加强思想建设、组织建设、作风建设、纪律建设，不断注意防范和应对外部势力的和平演变。面对复杂的国际情况，中国如何在社会主义发展处于低谷时扛起马克思主义的大旗？如何增强主流价值的话语权？如何抵御西方的有目的的文化入侵？如何正确引导舆论方向？如何解决改革开放以来国内多样的价值观念的碰撞和冲突？如何应对改革开放过程中国内遇到的思想与实践上的问题？这些严峻的问题都摆在共产党人的面前，在这样的国内外环境的夹击之下，我们迫切地需要建成具有强大的凝聚力和统摄力的核心价值观，用这样强有力的价值观稳定局面，凝聚力量。正是在对社会共同的价值追求中，中国共产党开始总结提炼社会主义核心价值观，开始逐步探索社会主义核心价值观培育的实践路径。

（二）大学生社会价值共识培育路径的有益探索

党的十一届三中全会后，由于对思想文化、政治教育方面的重视，高校

思想政治教育工作逐渐得到恢复与重建，大学生的社会价值共识培育同样得到重新建设。首先，国家修订了马克思主义课程的实行办法，旨在完善高校大学生的思想政治理论教育课程，提升大学生的思想文化素质。该实行办法采取了一系列重要的政策和措施，推动大学生价值观重新开始培育，切实加大了对于大学生马克思主义的理论教育。其次，教育部在 20 世纪 80 年代初强调要大力进行革命理想教育，这使得高校广泛开展了爱国主义、社会主义和共产主义教育，进一步巩固大学生的思想品德教育与理想信念教育成效。随后，教育部、共青团中央印发《关于加强高等学校学生思想政治工作的意见》的联合通知，强调重视爱国主义宣传教育。此后，大学生社会主义价值共识的培育将爱国主义教育纳入正式内容。在党中央高度重视下，高校普遍开展了针对大学生社会价值共识培育计划，正式将思想品德课作为一门必修课纳入高校的思想政治教育课程之中。由此，大学生在高校具备系统接受思想、道德、人生观等教育的重要机会，以马列主义、爱国主义、社会主义以及共产主义为核心的思想品德教育课程成了大学生们必修的课程。

（三）大学生社会价值共识培育初级阶段成果

众所周知，在 20 世纪 80 年代，资产阶级自由化思潮对中国青年造成了消极影响，高校大学生社会价值共识的培育工作由此也遭受到了极其恶劣的影响。此时，党和国家为应对不断出现的消极影响采取了许多措施：比如，首先是针对资产阶级的自由化思潮积极开展坚持四项基本原则、反对资产阶级自由化的教育，提升了大学生对于马克思主义、爱国主义、社会主义以及共产主义的认识。其次，高校进一步改革思想政治教育的内容、形式和方法，使其教学效果得到了极大的加强，大学生们的社会价值共识培育得到进一步认可并取得较大的成效。经过资产阶级自由化思潮的严重影响，高校在不断努力反思中进步，青年大学生社会价值共识的培育也越来越充满活力。这一阶段，在党和国家的领导下，高校思想政治教育也进行了前所未有的调整和完善：如，为使高校形成在党委领导下的思想政治教育工作系统，高校开始成立由党委书记带头的思想政治工作领导小组。此外，高校为促进大学生价值观培育的队伍建设，不断加强对高校党员干部和各科教师的思想政治理论教育。

大学生社会价值共识培育的初步探索阶段进一步确保了党的绝对领导。正是在中国共产党的领导下，我们才始终坚持马克思主义、爱国主义、社会主义以及共产主义的基本理论教育，而没有放任资产阶级思潮泛滥，没有造成大学生群体思想上的混乱和价值观的迷失。一方面，随着青年大学生价值观培育的发展，青年大学生的价值判断受到积极引导；另一方面，青年大学生价值观培育的发展使得青年大学生的价值判断逐渐自由和开放，而没有局限在某一传统的迂腐观念里。这些宝贵的经验教训对新时代大学生的社会主义核心价值观培育具有深远的意义，值得我们学习和借鉴。

（四）大学生社会主义核心价值观培育的时代背景

20世纪90年代至21世纪初，我国大学生社会主义核心价值观培育进入了逐渐成熟的阶段，核心价值观的教育随着中国经济的腾飞，在初步探索阶段得到进一步深化。由于经济的发展、物质文化水平的提高，我国对于精神文明建设更加重视，不断加大精神文明建设力度。江泽民同志指出："要重视引导人们特别是青少年树立正确的理想、信念、世界观、人生观和价值观，反对拜金主义、享乐主义、极端个人主义，抵御资本主义和封建主义腐朽思想的侵蚀。"[①]党和政府的重视使大学生社会主义核心价值观的培育进入平稳发展阶段。在这十多年里，我国社会主义市场经济体制的建立为我国经济发展带来了突飞猛进的变化。我国社会主义初级阶段的发展取得了举世瞩目的成就，尤其是在社会主义现代文明建设的过程中物质文明取得了突飞猛进的进步。同样，在社会主义现代精神文明建设方面，大学生的社会主义核心价值观培育迎来了新的发展，马克思主义在我国被赋予了更多的新意和发展。其中"三个代表"重要思想是在对冷战结束后的国际形势作出科学判断的基础上形成的，它回答了中国共产党"要建设什么样的党，怎样建设党"的问题，为党的建设指明了方向，为进一步凝练社会主义核心价值观提供了思想指导。为了应对新形势的挑战，党和国家采取了一系列的措施，高校更是在党中央指导下进一步改革教育机制和体制，力求让大学生社会主义核心价值观的培育更具备科学性、规划性和战略性。另外，为使大学生的价值观导向更加明确和清晰，在党和政府的领导下，高校大力推进大学生在爱国主义、集体主义、社会主义方面的思想政治教育，使得培育内容更加明确有序。20世纪90年代，国家有关部门更是颁布了相关的政策和计划，以提高全国各地教育教学的发展，继而将素质教育作为高等教育必不可少的内容。此后，随着国家对公民素质教育、道德教育、心理健康教育愈加重视，高校学生的素质教育、思想道德建设、心理健康教育受到极大关注，大学生

---

① 江泽民. 论党的建设［M］. 北京：中央文献出版社，2001：133.

社会主义核心价值观的培育内容得到重视和研究。

（五）大学生社会主义核心价值观培育的成果

高校大学生社会主义核心价值观的培育形式也得到了极大的改进和发展，主要表现在高校的"两课"教育教学的改革和建设上。20 世纪 90 年代之前，高校还没有专门讲授邓小平理论内容的课程。20 世纪 90 年代以来，国家为提高高校大学生社会主义核心价值观的培育水平，积极推进高校为马克思主义理论课和思想品德课程设置新方案，将邓小平理论课调整为高校"两课"的内容之一。至此，邓小平理论教育在高校全面展开。另外，针对"两课"教育教学方面，高校的学科建设、教材建设、队伍建设不断加强，高校大学生价值观培育内容和方法得到了进一步的发展和进步。

二、新世纪大学生社会主义核心价值观培育的成熟完善阶段

21 世纪以来，我国进入了社会主义现代化建设的成熟完善时期，文化软实力成为国家竞争力的重要组成部分。胡锦涛同志在党的十七大报告中指出："当今时代，文化越来越成为民族凝聚力和创造力的重要源泉、越来越成为综合国力竞争的重要因素，丰富精神文化生活越来越成为我国人民的热切愿望。"[①] 所以这一时期精神文明建设方面发展迅速，大学生社会主义核心价值观培育进入成熟完善时期，尤其是高校思想政治教育在党的理论创新和实践创新中迎来了新的机遇。

（一）新世纪大学生社会主义核心价值观培育的时代背景

进入 21 世纪，随着文化教育市场的进一步开放、经济全球化进程的加快和信息网络的迅速发展，新世纪大学生社会主义核心价值观培育呈现了新面貌。一方面，新鲜的思想观念不断出现，传统的价值观念也被赋予了新的时代内涵，社会主义核心价值观培育实践路径不断创新。另一方面，西方的各种思潮、意识形态和价值观输入中国，极大地冲击了马克思主义的指导地位，造成了部分社会成员在理想信念、价值取向、道德观念等方面选择时的困惑、迷茫和混乱，校园文化建设上也面临严峻挑战，大学生在价值选择和

---

① 中共中央文献研究室. 十七大以来重要文献选编（上）［M］. 北京：中央文献出版社，2009：26.

行为方式上同样出现了种种问题，这也更加凸显了社会主义核心价值观培育的重要性。

（二）新世纪大学生社会主义核心价值观培育的措施

为了应对新形势的变化，教育部制定并下发了众多致力于加强和改进大学生社会主义核心价值观教育以及高校思想政治教育的重要政策文件，努力保障高校大学生思想政治教育工作能够顺利开展。在这一情况下，无论是整个社会，还是全国各地的高校都出现了大学生社会主义核心价值观培育高速发展的崭新形势。高校针对该情况进一步设置合理的课程，出台了高校思想政治理论课课程新方案，该方案包括了全新的课程框架和应用于实际的课程内容。

（三）新世纪大学生社会主义核心价值观培育的成效

在这一时期，无论是我们党的理论还是我国社会主义现代化的建设都取得了比较大的突破和成绩，多方面丰富了中国特色社会主义核心价值体系的内涵和意义，极大地完善了高校大学生社会主义核心价值观培育的内容。我们党在理论文化建设方面进行了较大的改革，系统论述了科学发展观的基本内涵，深刻反映了中国特色社会主义的理念，奠定了社会主义核心价值体系的基础。2007 年，胡锦涛同志在"6·25"重要讲话中强调，要大力建设社会主义核心价值观体系，巩固全党全国人民团结奋斗的共同思想基础。社会主义核心价值体系包括四个方面的基本内容，即马克思主义指导思想、中国特色社会主义共同理想、以爱国主义为核心的民族精神和以改革创新为核心的时代精神、社会主义荣辱观。党的十七大更是将"建设社会主义核心价值体系"纳入报告中，为高校大学生社会主义核心价值观培育提供了根本遵循。

三、新时代大学生社会主义核心价值观培育的高质量发展阶段

党的十九大报告指出："经过长期努力，中国特色社会主义进入了新时

代，这是我国发展新的历史方位。"①党的十八大以来，我们党和国家的事业发生了划时代的变化，在新中国成立和改革开放的基础上取得了显著成就，创造了经济快速发展的奇迹和社会稳定发展的奇迹。新时代，历经磨难的中华民族迎来了从站起来、富起来到强起来的伟大飞跃。

（一）新时代大学生社会主义核心价值观培育的时代背景

中国特色社会主义进入新时代，我国经济已由高速增长阶段转向高质量发展阶段，综合实力得到极大提高，尤其是在 2010 年我国 GDP 生产总值超越日本，成为全球第二大经济体。2020 年，我国人均 GDP 突破 1 万美元，人民生活水平显著提高，物质生活水平的提高对精神文明建设提出了更高的要求。因此，新时代大学生的社会主义核心价值观培育也进入了一个高质量发展阶段。这个阶段，不仅要让新时代大学生积极主动学习社会主义核心价值观，更要让他们将其内化于心，外化于行。我国正处于大发展大变革大调整时期，国际国内形势的深刻变化使新时代大学生社会主义核心价值观培育面临空前复杂的情况。中华民族伟大复兴战略全局、世界百年未有之大变局与全面建设社会主义现代化国家相交汇，这是新的大局势，大学生社会主义核心价值观培育要有战略视野和战略思维。两个大局的历史性交汇，核心内涵是中国与西方的关系正在发生历史性变化，"西强东弱"的总体逻辑正在加速演变，同时是两大制度体系、价值体系的斗争和博弈。在这个过程中，对百年大变局处理得如何，直接关系到中国奋斗百年来能否迈向社会主义现代化国家之路，全面建设社会主义现代化强国；关系到占世界人口五分之一的中国人民在站起来、富起来的基础上能否真正实现强起来，为中国发展和人类文明进步作出更大贡献。因而，在新时代如何提高整合社会思想文化和价值观念的能力，如何培育大学生社会主义核心价值观，是我们必须要解决好的重大时代课题。

习近平总书记指出："核心价值观是一个民族赖以维系的精神纽带，是一个国家共同的思想道德基础。如果没有共同的核心价值观，一个民族、一个国家就会魂无定所、行无依归。为什么中华民族能够在几千年的历史长河中生生不息、薪火相传、顽强发展呢？很重要的一个原因就是中华民族有一

---

① 习近平. 决胜全面建成小康社会 夺取新时代中国特色社会主义伟大胜利——在中国共产党第十九次全国人民代表大会上的报告 [M]. 北京：人民出版社，2017：10.

脉相承的精神追求、精神特质、精神脉络。"① 党的十八大以来，以习近平同志为核心的党中央领导集体高度重视大学生社会主义核心价值观培育，强调"要把社会主义核心价值观贯穿于高校办学育人全过程，弘扬以爱国主义为核心的民族精神和以改革创新为核心的时代精神，坚持用社会主义核心价值观引领知识教育、引领师德建设，加强中华优秀传统文化和革命文化、社会主义先进文化教育"②，这为新时代大学生社会主义核心价值观培育提供了根本遵循。

（二）新时代大学生社会主义核心价值观培育的成功实践

习近平总书记针对社会主义核心价值观培育和践行，发表了一系列重要讲话，讲话中明确指出社会主义核心价值观的重要性与培育大学生社会主义核心价值观的紧迫性，提出了一系列如何培育和践行核心价值观的指导思想，并作出了一系列重要决策部署，为社会主义核心价值观培育保驾护航。2013 年 12 月 11 日中共中央办公厅印发《关于培育和践行社会主义核心价值观的意见》，紧接着，同月 25 日中共中央办公厅、国务院办公厅印发了《关于进一步把社会主义核心价值观融入法治建设的指导意见》等指导性文件。通过理论创新、舆论宣传、教育引导、文化熏陶、实践养成、制度保障等途径，社会主义核心价值观在全社会逐渐像空气一样无处不在、无时不有，日益成为 14 亿中国人民的精神追求、价值追求和行动指南。

新时代大学生社会主义核心价值观培育进入了全新的高度，最主要的教育落实到了高校的思想政治理论课中。思想政治理论课是落实立德树人根本任务的关键课程，是我们对新时代大学生进行社会主义核心价值观培育的重要平台。党的十八大以来，以习近平同志为核心的党中央高度重视学校思想政治理论课建设，中共中央办公厅、国务院办公厅出台了《关于深化新时代学校思想政治理论课改革创新的若干意见》，中共中央宣传部、教育部印发了《新时代学校思想政治理论课改革创新实施方案》。近年来，各高校都在探索思想政治理论课的改革创新，在原有"大思政"格局的基础上开展社会主义核心价值观培育，并逐步构建起"课程思政""思政课程"的社会主义核心价值观培育体系。同时，许多高校通过开展多种多样的校园活动、专业

---

① 中共中央文献研究室. 十八大以来重要文献选编（中）［M］. 北京：中央文献出版社，2016：133.

② 中共中央文献研究室. 习近平关于社会主义文化建设论述摘编［M］. 北京：中央文献出版社，2017：132.

课程设置等推动新时代大学生社会主义核心价值观培育，力求实现全方位培育新时代大学生的社会主义核心价值观。这一系列的方法使新时代大学生社会主义核心价值观培育取得明显成效。总体来说，在中国特色社会主义进入新时代的历史方位下，面对不稳定的国际局势，面对国内外多元思潮的侵蚀和干扰，面对西方国家的"筑墙"，面对"中国威胁论"的污蔑，社会主义核心价值观培育的进程稳步向前。"坚持'以育人为本'的基本学理要求，是高校学生工作方法论的基本政治立场，也阐明了高校学生工作者与青年大学生之间形成的教育者与受教育者、培养者与被培养者、塑造者与被塑造者的互动关系。"①

（三）新时代青年大学生社会主义核心价值观培育的创新性发展

总的来说，针对青年大学生社会主义核心价值观培育这个问题，中国高校已经进行了很多实践，已经有了比较丰富的经验，对社会主义核心价值观的重要性已经有了充分认识，并且初步形成了符合实际情况的培育模式。在学校教育中有显性课程与隐形课程之分，显性课程主要是以课程计划、课程标准、教材作为教育内容，传授专业知识技能。隐形课程通过实践活动、文化影响而起作用，它的影响是内隐的。当代高校教育中将显性教育和隐形教育结合起来，使两者在社会主义核心价值观培育过程中相辅相成，做到你中有我、我中有你，提高培育的创新性和有效性。高校将社会主义核心价值观的培育作为重点标准写入人才培养方案中，对以往的教学模式也进行了改革，如采用多模块设置课程，不再只依赖于单一的思想政治理论课教学；举办教学活动发挥隐形课程的作用，进行从理论到实践的全方位培育；尝试整合校内校外资源，引导学生走出校园，从更深刻的角度培育社会主义核心价值观。社会主义核心价值观凝结着全体人民共同的价值追求，我国各级政府部门和企事业单位都在积极宣传、传播社会主义核心价值观，社会主义核心价值观已经深入人心。其中，高校更是有组织地开展了一系列社会主义核心价值观培育和教育活动，并努力朝着常态化、长效化的方向发展，新时代大学生的社会主义核心价值观培育效果也逐渐得到了显现。

---

① 赵健. 新时代高校学生工作方法论——基于平衡记分卡理论视角［M］. 北京：人民出版社，2019：329.

第二节　新时代大学生社会主义核心价值观培育的内在规律

大学生社会主义核心价值观培育面临新时代、新形势的各种挑战。为了能够更好地开展新时代大学生社会主义核心价值观的培育工作，必须深入认识和分析大学生社会主义核心价值观培育的规律，从坚定马克思主义信仰、确保中国共产党的领导、发挥社会主义制度的有力支撑、遵循立德树人根本任务四个方面来把握新时代大学生社会主义核心价值观培育应遵循的内在规律。

一、坚定马克思主义信仰对大学生社会主义核心价值观培育的价值旨归

我们党始终坚持马克思主义在意识形态领域的指导地位。马克思主义是科学的世界观和方法论，是无产阶级和全人类解放的科学指南，它能够站在科学和时代的制高点上观察事物，从而具有极为广大的视野，它是推动中国发展的精神动力，是引领当代中国实践的行动指南。因此，我们要坚定马克思主义在意识形态的指导地位，做坚定的马克思主义者。同时，要加强对马克思主义理论的学习，通过读原著、悟原理，运用马克思主义的世界观和方法论来解决新时代大学生社会主义核心价值观培育过程中出现的问题。

（一）树立马克思主义信仰

马克思主义是科学的世界观和方法论，具有实践价值，同时也是一种终极的追求，具有信仰价值。马克思主义的力量既在于其科学的价值，也在于其信仰的力量。信仰是一种精神信念，人有了信仰才会有精神支持和动力支持，信仰能够起到鼓舞人心、激励行动的作用。在科学信仰的指引下，新时代大学生才能走好人生道路，避免走错路、走弯路。特别是当今意识形态斗争错综复杂，网络信息技术的发达使很多没有经过筛选的信息铺天盖地，并源源不断地涌向大学生。另外，新时代大学生处在成长关键期，其世界观、人生观和价值观正在形成，却存在一定的不稳定性和不成熟性，很容易受到不良思想的影响。所以我们要引导青年大学生树立马克思主义信仰，推动社

会主义核心价值观成为青年大学生的日常生活行为准则。毫无疑问，要想有效提高高校青年大学生的马克思主义信仰就必须强化青年大学生对于马克思主义的认同，只有当高校青年大学生认同马克思主义，才能在思想上信仰马克思主义，实践上践行马克思主义。如果忽视了马克思主义所指引的方向，学习就容易陷入盲目状态甚至误入歧途，就容易在错综复杂的形势中无所适从，就难以抵御各种错误思潮。没有正确方向，不仅学不到有益的知识，还很容易被一些天花乱坠、脱离实际甚至荒唐可笑、极其错误的东西所迷惑、所俘虏。

（二）加强马克思主义理论教育

加强马克思主义理论教育是坚定马克思主义信仰的必由之路。新时代大学生在学习马克思主义的过程中要有正确的方法，要努力学习和掌握马克思主义的基本立场、观点、态度、方法，自觉将马克思主义内化于心、外化于行。开展马克思主义思想和理论的宣传教育，不仅能让大学生熟悉和理解理论，还能促使大学生形成科学的世界观和方法论，为社会主义现代化建设、社会主义精神文明建设、大学生社会主义核心价值观的培育做出贡献。当前，面对各种思潮和复杂的社会现象，要运用马克思主义的立场观点方法在多样中求得共识，给新时代大学生社会主义核心价值观培育提出新的要求。要把握规律，坚持马克思主义立场、观点、方法，透过现象看本质，从短期波动中探究长期趋势，使理论和政策创新充分体现先进性和科学性。"要牢牢把握学校意识形态工作领导权、管理权、话语权，坚持马克思主义指导地位不动摇，坚持不懈传播马克思主义科学理论，抓好马克思主义理论教育，为学生一生成长奠定科学的思想基础。"[①] 新时代大学生社会主义核心价值观培育的首要任务就是马克思主义教育，应当旗帜鲜明、大力宣传马克思主义的科学性。但现实生活中仍然有些人谈到新自由主义、民主社会主义就喜气洋洋，而谈到马克思主义就羞羞答答，不敢表达自己的信仰，这种现象是不好的。没有坚定的马克思主义信仰，社会主义核心价值观培育将会走偏方向。"思想政治理论课承担着对大学生进行系统的马克思主义理论教育的任务，是巩固马克思主义在高校意识形态领域指导地位、坚持社会主义办学方向的重要阵地，是全面贯彻党的教育方针、落实立德树人根本任务的主干渠

---

① 教育部课题组. 深入学习习近平关于教育的重要论述［M］. 北京：人民出版社，2019：76.

道和核心课程，是加强和改进高校思想政治工作、实现高等教育内涵式发展的灵魂课程。"① 因此，高校思想政治教育要发挥先锋旗帜作用，在思想政治理论课中积极进行马克思主义理论教育，打牢马克思主义理论基础，真正地将马克思主义信仰放在高校立德树人工作的首要位置，有效地激发高校立德树人的导向功能。培养大学生要学而信，从渐悟走向顿悟，掌握马克思主义立场观点方法，学出坚定信仰、学出使命担当。要学而行，学以致用、身体力行，把学习成果落实到干好本职学习工作、推动事业发展等方面。

二、确保党对大学生社会主义核心价值观培育的领导核心地位

确保党的领导核心地位是新时代大学生社会主义核心价值观培育的根本要求。中国共产党是中国工人阶级的先锋队，同时是中国人民和中华民族的先锋队，是中国特色社会主义事业的领导核心，在中国共产党的带领下中国人民从贫穷落后走上繁荣富强，迎来了从站起来、富起来到强起来的伟大飞跃。新时代大学生社会主义核心价值观培育要坚持中国共产党的领导，因为社会主义核心价值观中的国家、社会、个人三个层面的倡导都体现了中国共产党为民族谋复兴、为人民谋幸福的初心和使命，充分展示了中国共产党全心全意为人民服务的宗旨。从社会主义核心价值观的历史渊源来说，它是由共产党人创立、发展、完善形成的价值观，正是在核心价值观的指导之下，中国共产党引领中国人民建立社会主义制度，带领中国人民不断改革创新，为建成富强、民主、文明、和谐、美丽的社会主义现代化强国而不懈奋斗。在培育和践行社会主义核心价值观的过程中，党要充分发挥理论创新作用、发挥正确决策和引领人民作用，党员还要发挥先锋模范作用。

（一）发挥党对大学生社会主义核心价值观培育的领导作用

新时代大学生的社会主义核心价值观培育工作必须坚持中国共产党的领导。习近平总书记强调，"中国特色社会主义最本质的特征是中国共产党领

---

① 中华人民共和国教育部. 教育部关于印发《新时代高校思想政治理论课教学工作基本要求》的通知[EB/OL]. (2018-04-13)[2021-08-16]. http://www.moe.gov.cn/srcsite/A13/moe＿772/201804/t20180424＿334099.html.

导"①。"加强党对教育工作的全面领导,是办好教育的根本保证。"② 高校思想政治理论课是传播马克思主义理论的重要阵地,是新时代大学生社会主义核心价值观培育的重要平台,是立德树人的重要渠道,承担着维护我国意识形态安全的战略任务。加强中国共产党对于高校思想政治理论课的全面领导,能够引导高校思想政治理论课明确政治方向,完善高校思想政治理论课建设的目标和内容。在中国共产党的领导下,社会主义核心价值观培育在思想政治理论课中深入展开,新时代大学生社会主义核心价值观的培育工作要沿着正确的政治方向,培养出既能坚定拥护中国共产党的领导和中国特色社会主义制度,又有能力为中国特色社会主义事业奋斗终生的有用人才。

(二) 强化党对理想信念的引导

所谓理想信念,就是坚持用马克思主义的立场、观点、方法来认识世界,认识人类社会发展的客观规律。共产党员必须确立崇高和科学的理想信念,自觉努力学习辩证唯物主义的理论,才能将其理想信念结合辩证唯物主义等科学理论,最终指导自身的行为和习惯。只有确立崇高的理想信念,我们做事才有目标和追求,而不是漫无目的地生活和生存。因此,只有全国人民都有了共同的奋斗目标和动力,社会主义现代化建设才会有坚强的理论指导。习近平总书记说:"理想信念就是共产党人精神上的'钙',没有理想信念,理想信念不坚定,精神上就会'缺钙',就会得'软骨病'。"③ 一直以来,马克思主义理论教育与中国特色社会主义共同理想教育就是大学生精神上的"钙",引领着大学生社会主义核心价值观的培育。这就要求深化党的创新理论学习教育,推动理想信念教育常态化制度化,加强党史、新中国史、改革开放史、社会主义发展史教育,加强爱国主义、集体主义、社会主义教育,引导大学生坚定道路自信、理论自信、制度自信、文化自信,促进全体人民在思想上精神上紧紧团结在一起,帮助新时代大学生树立社会主义、共产主义的理想信念,注重学习提升,矢志艰苦奋斗,从一点一滴做起,把小事当大事干,踏踏实实把正在做的事情做好,从而使得新时代大学

---

① 习近平. 决胜全面建成小康社会 夺取新时代中国特色社会主义伟大胜利——在中国共产党第十九次全国代表大会上的报告 [M]. 北京: 人民出版社, 2017: 20.

② 习近平. 坚持中国特色社会主义教育发展道路 培养德智体美劳全面发展的社会主义建设者和接班人 [N]. 人民日报, 2018-09-11 (01).

③ 中共中央文献研究室. 十八大以来重要文献选编(上) [M]. 北京: 中央文献出版社, 2014: 80.

生在成长的过程中能够应对当前异常激烈竞争的社会，更加从容、自信地面对未来。

三、发挥社会主义制度对大学生社会主义核心价值观培育的有力支撑

进入新时代，社会主义核心价值观已经被党和政府提高到了国家发展战略的高度，社会主义核心价值观是中国特色社会主义制度的精髓，是中国特色社会主义制度价值取向的体现。"社会主义初级阶段不是一个静态、一成不变、停滞不前的阶段，也不是一个自发、被动、不用费多大气力自然而然就可以跨过的阶段，而是一个动态、积极有为、始终洋溢着蓬勃生机活力的过程，是一个阶梯式递进、不断发展进步、日益接近质的飞跃的量的积累和发展变化的过程。"① 习近平总书记指出："解放和发展社会生产力是中国特色社会主义的根本任务。"② 这是实现社会主义核心价值观的重要保证。

（一）将社会主义核心价值观融入社会主义制度建设

我国是社会主义国家，社会主义的本质是解放生产力，发展生产力，消灭剥削，消除两极分化，最终达到共同富裕。社会主义核心价值观从价值的层面将社会主义的本质具体化到了国家、社会、个人三个方面，将抽象的概念通俗化、具体化。中国特色社会主义始终将社会主义本质作为努力奋斗的方向，坚持一切为人民服务的原则，致力于维护人民利益。因此，要将社会主义核心价值观融入中国特色社会主义制度建设，用社会主义核心价值观简单明了、通俗易懂的语言向人民展现出中国特色社会主义制度建设的方向性，使人民对于中国特色社会主义制度有更深入明晰的认识。同时，还必须要充分发挥制度政策的导向作用，在具体的制度安排中渗透社会主义核心价值观的内容和精神，推动社会主义核心价值培育工作民主化、科学化、规范化、法治化和具体化。将社会主义核心价值观融入中国特色社会主义法治建设，是坚持依法治国和以德治国相结合、推进国家治理体系和治理能力现代化的需要。把社会主义核心价值观的要求转化为法治要求，用立法引领价值

---

① 习近平. 深入学习坚决贯彻党的十九届五中全会精神　确保全面建设社会主义现代化国家开好局［N］. 人民日报，2021-01-12（01）.
② 中共中央文献研究室. 十八大以来重要文献选编（上）［M］. 北京：中央文献出版社，2014：11.

观教育，可以通过推动立法实现价值观构建与社会制度建设的良性发展。

（二）社会主义制度保障了社会主义核心价值观的培育

积极培育和践行社会主义核心价值观，是凝聚中国力量、弘扬中国精神、坚定中国特色社会主义文化自信的内在要求。完善社会主义制度，发挥社会主义制度优越性是社会主义核心价值观培育的重要保障。事实证明，社会主义核心价值观的培育可以促进国家治理体系和治理能力的现代化，同样国家治理体系和治理能力的现代化也可以为社会主义核心价值观培育提供制度保障。人都是生活在制度之中，受到制度约束，在制度中发展。在社会主义制度的保障下，社会主义核心价值观培育渗透于制度安排，能够形成一条培育的可靠路径。

当社会主义核心价值观真正体现到制度层面时，它必然会成为社会中占主导地位的价值观，并引导人们形成对核心价值观的认知和认同。同时，通过制度的稳定性和强制性，制度蕴含的核心价值观转化为人们自觉的价值意识和行为方式，从而真正为人们所认同并践行。因此，我们要培育社会主义核心价值观，就要将社会主义核心价值观与社会主义制度体系进行深层融合，转化为现实的国家治理体系。要将社会主义核心价值观融入并引导社会主义经济体制、政治体制、文化体制建设，融入社会主义制度、政策和规章体系的方方面面，推动社会主义核心价值观的本质要求在各种具体的制度安排中得到更加充分地体现和彰显。

四、遵循立德树人对大学生社会主义核心价值观培育的根本目标

新时代大学生社会主义核心价值观培育必须以立德树人为根本目标。社会主义核心价值观培育旨在引导学生树立正确的价值观、人生观、世界观，是高校思想政治工作中的重要环节。用社会主义核心价值观引导学生思想，培育出拥护社会主义，拥护中国共产党的领导，有理想、有本领、有担当的时代新人。党的十八大以来，习近平同志多次就培育和践行社会主义核心价值观作出重要论述、提出明确要求。习近平总书记在第二十三次全国高等学校党的建设工作会议上作出重要指示，强调："办好中国特色社会主义大学，

要坚持立德树人,把培育和践行社会主义核心价值观融入教书育人全过程。"① 同时,也要抓牢师德师风建设,教师是人类灵魂工程师,要充分发挥好教师在社会主义核心价值观培育中的引领作用。

(一) 立德树人内涵

立德树人要解决的问题就是"培养什么样的人、怎么培养人、为谁培养人"。立德树人的成效是检验高校一切工作的根本标准。立德,就是坚持德育为先,通过正面教育来引导人、感化人、激励人;树人,就是坚持以人为本,通过合适的教育来塑造人、改变人、发展人。培养人才时以德为先,教育要以人的教育为本。党的十八大提出将立德树人作为教育的根本,使我们进一步明确教育的根本任务。我们要充分认识到立德树人对于社会主义核心价值观培育的意义,它是对社会主义核心价值观培育成效的方向指引。在新时代大学生社会主义核心价值观培育中,必须坚守立德树人这一底线不动摇,必须要用社会主义核心价值观塑造新时代大学生的头脑,办好人民满意的教育。

(二) 立德树人要求

立德树人要求我们坚持马克思主义指导地位,用社会主义核心价值观引领全社会,大力弘扬民族精神和时代精神。社会主义核心价值观作为高校思想政治建设的重中之重,加强和改进高校思想政治工作,才能真正让社会主义核心价值体系、社会主义核心价值观在大学生当中生根开花。

高校还应健全立德树人体制机制,把立德树人融入思想道德、文化知识、社会实践教育各环节,贯通学科体系、教学体系、教材体系、管理体系,这就要将社会主义核心价值观推进课堂、推进教材、推进学生头脑之中,要充分发挥学校教育和课堂教学在弘扬社会主义核心价值观时的重要作用。要利用好课堂中教师现场教学的重要作用,发挥教师的引领作用,全面深化课程理念,不断完善教学体系,把党的政策方针和社会主义核心价值观融入教学过程,并细化为学生素质培育标准。专业课与思政课同向同行,教学方法要创新,教学不能死板、空洞,要将积极的情感和正向的价值观自然融入教学过程。同时,积极营造培育新时代大学生社会主义核心价值观的校

---

① 习近平. 坚持立德树人思想引领　加强改进高校党建工作 [N]. 人民日报,2014-12-30 (01).

园氛围。把社会主义核心价值观深入学校各个细节、环节，使社会主义核心价值观的影响无处不在，无时不有。因此，只有坚定大学生理想信念，切实提升立德树人的成效，才能使新时代大学生在实践中感受社会主义核心价值观的内涵和魅力。

第三节 新时代大学生社会主义核心价值观培育的困境

纵观前人的研究，高校在大学生社会主义核心价值观培育方面进行了无限的尝试，获得了许多丰富的宝贵经验。但不能否认的是由于当前时代背景发生了翻天覆地的变化，传统的大学生社会主义核心价值观的培育方法难免存在不少缺陷，致使当代高校在新时代大学生社会主义核心价值观培育方面存在一定的阻力。本书为了认识和了解新时代大学生社会主义核心价值观培育存在的问题，特别从教育内容、教育环境、培育主体、教学过程四个方面寻找原因，以期从中寻找到新时代大学生社会主义核心价值观培育的经验教训。

一、新时代大学生社会主义核心价值观培育内容不平衡

（一）教师内生动力不足的主体性问题

当前一些教师自我发展的意识与能力不够，忽略社会主义核心价值观的核心要义，妨碍了对它的认同。一方面，部分教师课堂教学"问题意识"淡薄，狭隘理解教材上引证的词句，任凭自己的"想当然"，缺乏主动认识和自觉联系教学重难点、解决学生困惑和回应社会焦点问题的思考，缺少立于实践的充满挑战的忧患意识和先见之明。党的十八大以来，习近平总书记多次强调，"我们一定要以我国改革开放和现代化建设的实际问题、以我们正在做的事情为中心，着眼于马克思主义理论的运用，着眼于对实际问题的理论思考，着眼于新的实践和新的发展。"[①] 另一方面，教学中"本领意识"不强，虽然教学竭尽所能，但因理论根基不牢，要么是浅尝辄止的尴尬，要

---

① 中共中央文献研究室. 十八大以来重要文献选编（上）［M］. 北京：中央文献出版社，2014：75.

么是弄成零零碎碎的家常，或者是故弄玄虚的语汇缠绕与空洞议论，看起来好像"言之有理"，但往往事与愿违，甚至产生严重后果，究其根源都是"本领恐慌"所致。

当今整个世界范围内各种社会思想观念日趋活跃，主流和非主流思想文化相互交流交融。同时，面对网络空间复杂状况的挑战，总的形势是好的，但难免有各种杂音噪音，甚至出现很多负面言论，对大学生的使命担当、理想信念、价值取向等方面冲击很大。如习近平总书记一直引导着广大大学生自觉为共产主义远大理想和中国特色社会主义共同理想努力奋斗，而部分教师只是形式化、简单化地组织教学，在课堂中仅仅重现历史素材，并组合成一个所谓的主题案例，希望学生理解中国共产党把实现共产主义作为党的最高理想和最终目标的初衷。之所以这样，是因为教师以为只要案例"恰如其分"，学生就能"水到渠成"地实现个人理想与新时代青年理想的"成功对接"。但过分单一空洞的案例现象能把新时代青年理想转化为主体的理想觉悟吗？它能引导大学生直面各类观点和思潮，做到建设性和批判性相统一吗？它能给人以人的存在、给人的理想以理想的价值吗？长此以往，这种制式化的案例教学是否有长久的价值，是否应认识到大学生的认知规律和接受特点，教师还没有来得及研究，或者认为根本不用研究，或者是无需自己考虑的。大学生不同程度上的抵触和逆反情绪显现，归根结底，还是高校教育工作者对大中小学循序渐进、螺旋上升地开设思想政治理论课的认识不足，对社会主义核心价值观在高校思想政治理论课与中小学德育的教育定位模糊不清所致。因此，高校课程在方法、过程和模式等环节，"都要有本领不够的危机感，都要努力增强本领，都要一刻不停地增强本领"①。

其实，无论是问题的深层次反思，还是理论的落地生根，都是为了高校思想政治工作建设的奋力推进。因而，要树立鲜明导向，坚持用活的教学要求审视自己，以强烈的本领意识警醒自己，坚信每一次"完满"，就是新"问题"的提出，从而凸显社会主义核心价值观的生命力和吸引力，不断增强教育工作者的自信与自豪感，立时代之潮头，通世事之变化，发理论之先声，不断提升认知认同，亟待我们付出更大的努力。

（二）社会主义核心价值观建设与个体认知的矛盾

由于社会主义核心价值观具有重大的新时代意蕴，当前国家、社会以及

---

① 习近平. 在中央党校建校 80 周年庆祝大会暨 2013 年春季学期开学典礼上的讲话［M］. 北京：人民出版社，2013：5.

高校各类专业课程都将聚焦审视的目光投放到社会主义核心价值观建设之上。但是，大学生对社会主义核心价值观培育的价值期待和个体现实认知之间存在着鸿沟。每个生命个体都不可分割地显现于我存在、我认识、我愿意的自身中，因为个体现实生活有种种内在困境与内在反抗：享受与追问孰先孰后？而追问也意味着要抵抗"他者"的限制。价值认同要求大学生对思想政治理论学习有清晰的认知，如果在"我意愿"和"我"上不能够合二为一，价值认同就不可能实现。一些课堂中的学生并不了解也不关心中国精神与中国价值，就像体育赛季时坐在后排的聋哑观众，只是"局外人""旁观者"，他们对相关课程没有期待，而一些仅仅识记了教材内容的学生又不懂得思想政治理论课"其目的何在"，而理解了内容的学生尽管懂得其目的何在，却不知道社会主义核心价值观"其意义何在"，也不明白"政治应该是人民的事"。这样的课堂不能表达、实现以及满足大学生的利益诉求，反而削弱了对社会主义核心价值观的认同感。

（三）现代性中的价值博弈

现代社会改革发展，知识高度分化，无处不充满着各种价值和信念的博弈，争执焦点在于众多理念对峙以及相互冲突的不同价值判断何为优先。"自由是现代人的基础，这意味着每一次论证（demonstrandum）都要求助于自由，而自由则保证了论证的真与善。"① 世上每一个人都背负着看不见的经历，而相比公共领域，私人领域又是个体自由发挥的领域，只要不违反法律规定。那么，在这样一个价值和利益高度分化的多元社会，具有不同诉求的学生，对课堂中的某一个问题，能不能以超越个人情感、利益或道德语言的公共价值发言呢？以及他们能否在直接涉及自身利益的问题上也如此公平、公正、公开和公允地运用自己的理性呢？与其担忧，不如直接将价值认同的任务交给高校教师，让他们接触所有信息，代替学生来作出价值判断。因为现代社会形式认同的根源在于社会的同一性，而不在于对人类以一种独一无二的言论和行动方式建构的政治的理解。事实上，人性是有缺陷的，但开出这样的药方只会让一切更糟。有些课堂上师生缺乏充分地对话与讨论，学生不太愿意与别人公开而真实地分享世界，课后又缺乏具体的实践。显然，向他人敞开与自我展示，都显得困难重重，缺少一种自由而完全的自我信任和互相信任，使得学习者难以在课堂中找到归属感，这成为弘扬和践行

---

① 赫勒. 现代性理论 [M]. 李瑞华，译. 北京：商务印书馆，2005：26.

社会主义核心价值观的主要症结。

二、新时代大学生社会主义核心价值观培育环境复杂

教育的环境可以分为现实层面的环境和意识层面的环境，即起主要作用的环境和辅助作用的环境。现实环境可以分为高校环境和社会环境，大学生受教育主要依托的环境是高校校园，当然，校园环境也会受社会大环境的影响。意识层面的环境就是思想环境，各种各样的思想会对大学生社会主义核心价值观造成影响和阻碍。良好的环境可以促进核心价值观的内化，所以必须要把握好现实和意识两个层面的环境。

（一）现实教育环境

党的十四大提出建立和完善社会主义市场经济体制以来，我国实际上开启了一场伟大的社会改革运动。经过几十年的摸索和实践，我国的社会主义市场经济获得了巨大的成功，让世人都为之惊叹，更被西方国家称为"中国奇迹"。尽管社会主义市场经济对社会建设事业具有重要的意义，但不可避免仍然存在许多弊端。例如，市场经济带来的负面效应还是影响了部分大学生价值观的形成和发展，如激烈竞争造成的贫富差距、拜金主义、消极不健康的极端个人主义等，这些功利主义和金钱至上主义在一定程度影响了新时代大学生形成健康向上的社会主义核心价值观。

社会层面造成新时代大学生社会主义核心价值观培育出现的问题主要表现在网络传媒的影响上。在互联网大数据时代，人们的生活、工作、学习无不有互联网的身影，尤其与新时代大学生的社会主义核心价值观培育息息相关。高校的学生们利用网络收集和获取更多的学习、工作资料和信息，既开拓了自身的视野又接受了来自四面八方的社会观和价值观。习近平总书记在提出建设网络强国时强调："建设网络强国，要有自己的技术，有过硬的技术；要有丰富全面的信息服务，繁荣发展的网络文化。"① 经过政府的不懈努力，现今网络环境已经有了极大改善，但是仍然不可松懈。

党的十九大报告明确提出中国特色社会主义进入新时代的重大论断，中国的发展开启了新篇章。同时，报告中对新时代经济、政治、文化、社会、

---

① 中共中央党史和文献研究院. 习近平关于总体国家安全观论述摘编［M］. 北京：中央文献出版社，2018：166.

生态等各项事业发展都做出了新的全面部署，对培育和践行社会主义核心价值观也进行了新的定位，提出了更高更新的要求，社会主义核心价值观的培育成为重要任务，得到高度重视。2021 年是中国共产党成立一百周年，也是"两个一百年"奋斗目标的交汇之年，"十三五"规划已经顺利完成，"十四五"规划的画卷悄然展开，中国这个社会主义国家正迈着更坚定的步伐向着富强民主文明和谐美丽的社会主义现代化强国进军，中华民族迎来了从站起来、富起来到强起来的伟大飞跃。进入新发展阶段，是中华民族伟大复兴历史进程的大跨越。展望新征程，从进入新发展阶段的大跨越，到 2035 年基本实现社会主义现代化，再到 21 世纪中叶全面建成富强民主文明和谐美丽的社会主义现代化强国，中华民族伟大复兴展现出无比光明的前景。在这样的背景下，新时代大学生的民族自豪感油然而生，更加坚定马克思主义信仰，坚定社会主义核心价值观。

（二）思想教育环境

新时代下，社会主义核心价值观的培育面临着重重困难，思想层面受到了严重的冲击。随着社会的发展进步，我国社会经济结构发生了翻天覆地的变化。在经济全球化的时代浪潮中，我国与世界各国的交流日益紧密。然而，在这样的背景下，人们受到来自金钱、权力和利益的干扰，使得外来文化和本土文化、传统文化和现代文化相互冲击，导致一些人的价值观出现了扭曲，形成不好的风气。当前，人们更容易接受新鲜的事物，所以当社会生活中存在新鲜事物时，会引起人们的大量关注，并且争先模仿与竞争，导致中华民族优良的传统道德规范受到各种形式的冲击。人们以往树立的价值理性也不值一提，比如：圣诞节、万圣节在学生群体中非常受欢迎，而我们的传统节日却不受年轻人的青睐，很多传统习俗被大量遗忘。社会主义核心价值观值得我们深入学习和贯彻实践，我们要有高度的理论自觉和行动自觉。环境的复杂表现在以下几方面：首先，随着社会竞争压力的加大，人们在思想观念上有所转变，以往的团结一致、踏实勤奋受到当代个人主义、拜金主义的影响。当人们生存在自我的生活中时，短暂地实现自我满足感和对物质精神的追求和享受，往往就会忽略对个人价值的实现与追求，长此以往，个人理想信念淡薄，就会缺乏学习和践行社会主义核心价值观的自觉。其次，在社会主义市场经济之下，人们都是谋求自己的个人利益，甚至有的为达目的，冒着受到法律制裁和违背社会公序良俗的风险，使自己获得最大的物质上的满足。这种功利的做法，已经严重影响到新时代大学生社会主义核心价值观培育的氛围，并且对整个社会氛围造成不好的影响，使得社会难以更好地向前发展进步。

党的十八以来，习近平总书记多次提及大学生的教育问题，他指出："我们要悉心教育青年、引导青年，做青年群众的引路人。青年要顺利成长成才，就像幼苗需要精心培育，该培土时就要培土，该浇水时就要浇水，该施肥时就要施肥，该打药时就要打药，该整枝时就要整枝。要坚持关心厚爱和严格要求相统一、尊重规律和积极引领相统一，教育引导青年正确认识世界，全面了解国情，把握时代大势。既要理解青年所思所想，为他们驰骋思想打开浩瀚天空，也要积极教育引导青年，推动他们脚踏实地走上大有作为的广阔舞台。"① 新时代大学生社会主义核心价值观培育得到了全社会的关注和重视。

三、新时代大学生社会主义核心价值观培育主体特殊

新时代大学生社会主义核心价值观的培育和践行是当下建设高等教育体系的重要任务。社会主义核心价值观培育是一个动态的过程，它必然有主体的划分，就是"培育谁，谁来培育"的问题。分析主体有什么样的特点，有助于为培育新时代大学生的社会主义核心价值观找到更有效的方法和路径。新时代大学生社会主义核心价值观培育主要主体是社会、学校、家庭、大学生本人。其中社会、家庭和学校担任的是教育者的角色，任务重大，社会主义核心价值观培育的效果很大程度取决于教育者的教育水平，新时代大学生是受教育者的角色，社会、学校、家庭都是为大学生的教育工作服务的。这几个主体都有其特殊性，有其不同的特点，正是这些特殊性的存在，社会主义核心价值观培育工作会受到一定的阻碍，所以我们要认真分析这些特殊性，为以后的培育工作积累有意义的经验。

（一）社会、学校、家庭教育特点

社会面向的对象比学校和家庭的范围更宽广。社会面向的客体是全体公民，社会的环境比较复杂，社会主义核心价值观的培育无法纯粹，通常是以大面积覆盖为主，不分人群进行宣传。这样，社会主义核心价值观培育只能无限放宽广度，广度够了深度却有限。比如在社会中的公共场所安置宣传标

---

① 习近平. 在纪念五四运动 100 周年大会上的讲话［N］. 人民日报，2019－05－01（02）.

语，通过广播、电视进行社会主义核心价值观的普及。这些都是有效的手段，但是只能走马灯似的在受教育者心中有一个初步的印象，并不能对社会主义核心价值观有深入的理解。

社会也应当对新时代大学生社会主义核心价值观的培育做出一定的贡献和努力。由于近年来高校的扩招和经济飞速发展的需求，部分大学生的素质逐渐跟不上时代的发展了。除了对这些与优秀价值观对立的不良价值观和思想观念作斗争之外，还应当给予青年大学生树立更好的社会榜样。社会公众应当尽量保持自己的言行举止不受到外来的不良文化和思想观念影响，只有保证自己做到了才能影响身边的人，从而给青年大学生做出榜样。只有社会大众不断地更新自身的思想观念，不再固守原有的不良观点，才能进一步为青年大学生社会主义核心价值观的培育做出一定的贡献。只有树立全民全面发展、人人成才的观念，才能具有系统的终身学习观念，才能具有高度的思想道德水平以及高尚的社会责任感。

家庭教育是三个主体中对象最明确、最具体、最有针对性的培育主体，家庭教育可以针对学生的不同情况采取不同的教育方式。家庭是社会的细胞，是社会主义核心价值观培育的重要环节。父母是大学生的第一任老师，从小到大的家庭教育给学生产生了不可磨灭的印记，尤其是价值观的培育，家庭教育给予了第一次的洗礼和培养。有时候，不管学校教育进行得多么顺利，一旦家庭教育跟不上来或者拖了后腿，那么，大学生的教育就仍然难以得到进步和发展，大学生仍然难以健康积极向上地成长。纵观当今的家庭教育，部分家长过分注重功利主义，教育方式存在一定的不合理性，对孩子的思想品德教育也产生了严重的不良影响。部分家长在教育孩子的时候一直灌输金钱万能的思想，导致孩子从小就一直有拜金主义的思想，认为所有的事情都可以用金钱来解决，金钱可以换来一切。这样直接导致孩子在学校和社会上目中无人，恃才傲物，有时甚至频频造成极其恶劣的影响。因此，新时代大学生的价值观教育应当重视家庭教育，特别是家长需要改变根深蒂固的教育理念，尽量避免让子女受到不良价值观的影响，尤其是在子女正处在价值观建构的重要时期。

学校教育是新时代大学生社会主义核心价值观培育的主要阵地。学校的培育是专业化、系统化的教育。学校的社会主义核心价值观培育是以理论知识传授为主。学校的培育能在深度上不断延伸，而学校教育的成效很大程度上要受到教师水平的影响，所以要不断提高教师素质，树立良好的师德师风。面对国际国内发展环境深刻变化、各种深层次矛盾和问题不断呈现的新形势，一些教师对社会主义核心价值观的重要论述进行知识符号的教导时，往往把社会主义核心价值观的内容当作是对于主体的终极认知性建构，习惯成自然地将其新理念对照教材内容进行梳理更新，机械性记录的要求在课堂上不绝于耳。教师们相信经过长期的"以新换旧"，已完成社会主义核心价值观融入教材体系和教学体系的任务。然而，这种把理论创新和教材内容进行浅层替换的行为，其本质还是简单灌输，直接使教学过程偏向抽象思维，忽视寓价值观引导于知识传授之中。一旦考试过去，知识就会被抛弃到九霄云外，充满强烈的功利性。事实上，在这种知识化、碎片化解读青年观的教学中，教师对学生关注的社会问题和人生困惑缺乏透彻而有说服力的解答，学生不过有幸通过一种知识操练而已，致使大学生不得不成为道德符号的填充物，脱离了个体与现状的联系，随之丢失的正是面对各类风险和挑战时应有的奋斗情感、信念与意志力。究其根本，还是教育者忽略了高校思想政治理论课要"坚持政治性和学理性相统一""坚持价值性和知识性相统一"的新时代高校思想政治理论课教学规律。

因此，新时代大学生社会主义核心价值观培育需要社会、学校、家庭三方合力，缺少任何一个方面都不行。教育本身就是一项复杂而又要求全面的任务和工作，尤其是针对学生的教育，更加要求系统全面地看待。就新时代大学生社会主义核心价值观的培育来说，是一个庞大的系统工程，不仅仅只需要学校出力，更需要社会、家庭的参与才能互相补充、互相进步，最终达到新时代大学生接受并完全认同社会主义核心价值观，促进自身的进步和发展。社会主义核心价值观的内容实质上也是一个整体的知识系统，只有在整体的知识系统下进行系统的学习，才能对事物有全面和整体的认识，才能对事物与事物之间的联系有一定的深刻认识，而不是对事物一知半解，这样才能深入了解事物发展的规律。社会主义核心价值观的重要内容，只有在系统全面的学习下才能获得较好成果。另外，新时代大学生的思想发展也是一个长远的过程，不是一蹴而就的，只有循序渐进发展才能产生良好的效果。

（二）新时代大学生心理特点

新时代大学生的心理特点与以往大学生的心理特点具有共通性。经历了"万人过独木桥"的高考，莘莘学子迈进了象牙塔，走向了梦寐以求的高等学府，但是殊不知，人生的道路曲折前进，大学也只是人生的一个节点，未来的人生之路即将开始。大学生在大学期间正处于迅速成熟的阶段，在这一阶段实际是由幼稚、单纯向成熟慢慢蜕变的过程。大学生的心理在各个方面都存在积极和消极的变化，情绪的变化都时常超过理性的变化。每年新生入校，都有许多学生没有调整好心态，无法良好地适应大学生活，出现了许多适应问题和心理问题，包括人际问题、自我认同等问题，大学生心中理想与现实存在巨大的落差，严重影响了大学生正常的学习和生活秩序。新时代大学生存在的心理问题突出表现在以下几个方面：

首先，大学生以锻炼理论性逻辑思维为主，但辨别是非的能力较差。大学生的思维达到了较高和较成熟的程度，已从经验型思维转向理论型逻辑思维。学生在刚开始接受教育即刚入校园开始学习的时候主要是通过直观行动思维和具体形象思维学习和思考，经过几年的学习之后又从直观行动思维和具体形象思维逐渐转变成经验型的理论思维，这个时候抽象逻辑思维也正在逐渐发展。学生在高校开始接受高等教育时，专业知识以及课外知识进一步增多，尤其在个人专业方面接受的培养日渐形成一定的体系，学生已不满足于现象的罗列和现成理论，并开始摆脱之前纯粹经验型的思维方式，逐渐开始从事物发展的本质和规律出发进行事物发展规律的归纳和总结。大学生的智力经过高中阶段的迅猛发展之后再到大学阶段仍然有一定的上升发展，尤其是在感知能力和观察能力方面较高中有更为全面的进步。这一时期的大学生，不仅记性好，且记得又准又久，回忆起来更是相当准确。同样，这一时期的大学生也爱幻想，不仅仅只是简单地幻想未来的生活，而且是开始通过自己的所见所闻进一步创造出某些新型的东西，但有时带有一定的主观片面性，甚至过分自信和固执己见。与此同时，有时候表现出辨别是非的能力较差，不能很好地把握现象和本质的内在联系。大学生在理论思维发展的同时，独立思考的能力也相应地发展起来，表现为抽象思维和推理能力获得了很大发展，并具有独立性和批判性。大学生在这一时期一般开始对别人的意见不轻易相信和盲从了，开始注意从逻辑方面分析和质疑，经常询问和思索事件发生的起始，力求对事件的进展作出自认为比较正确的评价。

其次，大学生出现自我认知偏差。在大学生的自我意识中，自我认知是最重要的组成部分。大学生正处于自我意识不断完善的阶段，自我认知意识也在逐渐完善和增强；同时，也会遇到各种各样的偏差问题。比如，通常表现为自我认知偏差，大学生时常不能客观地认识和评价自己。这种自我认知方面的偏差以时而自傲、时而自卑为主要特征。自傲和自卑是大学生出现最多的认知方面的偏差。一些大学生在自傲的过程中时常以自我为中心，特别爱炫耀和展现自己，具有夸张的表演欲和虚荣心，特别在意他人的评价和眼光。在他们心中只有自己才是最好的，全然不顾他人的优点和长处，对他人盛气凌人和挑三拣四。而自卑也是经常会出现的一种认知偏差。具有自卑感的大学生往往妄自菲薄，只在意自己的短处和缺点，一心向往着别人的长处和优点，常常表现出胆怯、畏惧、怀疑，因为担心被人嫌弃和拒绝常常采取逃避的方式。大学生在平时的学习和生活实践中已经开始形成自己特有的价值观和自我认知了，只有在逐渐成熟的过程中不断注入关于社会主义核心价值观的思想和观念，才能使得大学生能够更加独立地进行自我认知。在自我认识的过程中，大学生可以更加全面和正常地看待自己，而不是偏向某一个方面。处于该阶段的大学生，开始寻找现实的"我"与理想的"我"之间的差距。"理想的我"是个人对自己的期望或理想，是个人的成长目标。通过完善自我来完成两个"我"的统一过程，即自我设计。当然，有时由于期望值过高或受客观条件的限制，理想难以实现，一旦遭到挫折，往往不能正确对待，产生悲观失望情绪，甚至导致心理障碍。

再次，大学生的道德感、理智感和美感，在这一时期还更需要充分地发展。其道德感的发展主要表现为产生了对社会的使命感、责任感和义务感。理智感的发展主要表现为对真理的强烈追求，对所学知识充满兴趣和好奇心，并能充分体验到获得知识的乐趣和充实感。美感的发展主要表现为美的感受日益丰富。审美能力大大提高，美感的体验日益深刻，不仅能体验到事物的外在美，更能体验到事物的内在美；创造美的能力不断增强；审美观念日趋完善，懂得了美与丑、善与恶的分别，学会了形式美和内在美的统一。大学生的思想道德正处于趋于成熟但又没有完全成熟的阶段，该阶段也正是最需要精心塑造和培育的阶段。在这一阶段中，大学生的内心十分脆弱敏感，经常为了一些小事而情绪十分波动。总之，大学生在情感方面热情奔放，容易激动，而且带有明显的两极性、不稳定性。大学生控制自己的能力远不如成人，一旦失去控制，情绪就会爆发。此外，由于大学生的需要结构正处于改组阶段，各种需要之间的互相制约尚未平衡，容易表现为冲突。因而，碰到主客观矛盾时，他们容易从一个极端走向另一个极端。

四、新时代大学生社会主义核心价值观培育方法缺乏创新

经过 40 多年的改革开放，科学技术迅速发展，为我们的生活带来许多新鲜的事物，新时代大学生的学习环境也发生了彻底的变化，学校的优美环境为学生学习提供了舒适的条件，同时周围的诱惑也不断增多。以往传统而单一的教育手段在现行的社会主义核心价值观教育中显得有些单薄，特别是

当前的中国已经进入新的发展阶段，国情发生了巨大的变化，原来的教育方法已经很难满足新时代中国特色社会主义高校教育的新要求。所以为了适应当前的国情，为了新时代大学生社会主义核心价值观教育更加有效，我们必须认识到当前教育方法的现状，针对问题，提出改进措施。

（一）现存教学方法不足

教育方法较为枯燥单一。当前，高校对大学生展开社会主义核心价值观的培育主要采取课堂理论灌输的方式。理论灌输的教育方法有助于学生更好地理解社会主义核心价值观的基本内涵和核心要义，深入理解其理论价值。然而，以教师为主导的理论教育对学生进行单向教育，不利于调动学生学习的积极性和主动性，教学效果往往事倍功半。此外，部分教师也积极运用多样化的教育方式，例如，情景教育法、榜样示范法和实践教育法等，但也存在方法把握不到位、流于形式等问题。因此，运用多样化的教育方法才能够更好地发挥学生的主观能动性，实现教育教学的双向良性互动，从而使得社会主义核心价值观深入人心，提高大学生的道德素养，促进其全面发展。

教学过程中重理论轻实践。社会主义核心价值观在国家、社会和个人三个层面上都提供了价值导向，同时也是国家、社会和个人的奋斗目标和要求，是指引人们积极进取、不竭奋斗的思想引领。学校是大学生进行社会主义核心价值观培育的主阵地，教师的课堂教学发挥着重要作用，但由于教育内容设计、教学方式单一等问题，教育效果并不理想。

教育载体拓展应用不充分。当前新媒体发展日新月异，已然是全媒体时代，高校开展教育教学工作也必须加快适应社会发展现状。大学生作为新兴媒体应用的主流人群，活跃于各大网络空间和媒体平台中，其价值观念、思维方法和行为方式都不同程度受到新媒体宣传的影响。而高校教师在开展社会主义核心价值观培育时，当前所产生的新兴教育载体还有待充分挖掘和应用。高校教师常运用多媒体课件进行课堂教授，穿插相关内容的教学视频，还运用抖音、微博、微信公众号和短视频等更为生动形象的教育载体，有利于学生课堂内容的学习和接受。更为重要的是，教师应有效把握当前大学生的思想动态和精神需求，学习和了解当前各种主流新媒体的传播内容和方式，拓展教育载体，创新传统教育方法，增强社会主义核心价值观教育效果。

（二）"课程思政"和"思政课程"结合不紧密

为了深入贯彻落实习近平总书记关于教育的重要论述，进一步筑牢中国特色社会主义核心价值观，教育部于 2020 年印发《高等学校课程思政建设指导纲要》。这要求高校的教育工作者要把思想政治教育贯穿人才培养体系，推进社会主义核心价值观培育进入整个教育体系，发挥好每门课程在新时代大学生社会主义核心价值观培育中的作用，提高高校人才培养质量。

"'课程思政'是指通过运作整个课程，在全员参与下，对学生予以全方位、全过程的思想政治教育的活动与过程，它既是一种思想政治教育理念，又是一种教育方法。"①"课程思政"包括三个方面，首先，专业教育课，指通过专业课程教育中的专业知识开展思政育人的相关工作。其次，综合素质课，指除了思政课程和专业教育课之外的公共基础课程和通识教育课程。最后，第二课堂，指高校课堂之外的教育教学实践。高校"课程思政"建设是提升大学生思想政治觉悟的重要方法，对于帮助大学生树立正确的价值观和世界观与责任感和使命感具有重要作用，三个方面相互补充，缺失任一方面都会导致"课程思政"的建设不完善。"课程思政"对于社会主义核心价值观教育有重要的意义，将"课程思政"做好，新时代大学生社会主义核心价值观培育就会收到事半功倍的效果。当"课程思政"体系全面形成，社会主义核心价值观教育便会无处不在。在每一个课堂、每一个活动、每一个讲座中都能对新时代大学生进行潜移默化的社会主义核心价值观教育。要将"思政课程"和"课程思政"结合起来，二者之间互为补充，"进入新时代，既要继续发挥'思政课程'的主渠道作用，又要发挥'课程思政'的作用和功能，实现两者同向同行"②。另外，思想政治教育缺乏吸引力。传统课堂是理论知识的输送，没有太大的趣味性，学生学习热情不够，在专业课课堂中也很难形成思想政治教育与社会主义核心价值观培育的完整体系。

---

① 何玉海. 关于"课程思政"的本质内涵与实现路径的探索［J］. 思想理论教育导刊，2019（10）：130.

② 邱仁富. "课程思政"与"思政课程"同向同行的理论阐释［J］. 思想教育研究，2018（04）：110.

第四章　新时代大学生社会主义核心价值观培育的实践路径

新时代大学生社会主义核心价值观培育是一个长期积累的过程，需要持续用心、久久为功，扎实落实。党的十九大报告提出了要培养担当民族复兴大任的时代新人，这不仅为新时代要"培养什么人、怎样培养人、为谁培养人"提供了根本遵循，而且为新时代大学生社会主义核心价值观培育提供了鲜明指向。新时代大学生社会主义核心价值观培育工作成功与否，关系到培养担当民族复兴时代新人的目标能否顺利实现。因而，我们必须以高度的思想自觉和行动担当，紧紧围绕培养担当民族复兴大任的时代新人，多角度、多方位探索新时代大学生社会主义核心价值观培育的实践路径，突出重点，抓好各项任务落实，在教育引导的基础上促进实践养成，推动新时代大学生社会主义核心价值观培育不断取得新突破、新成效。

第一节　新时代大学生社会主义核心价值观培育的载体方式

载体，最早作为一个科学词汇出现在化学领域。在《现代汉语词典》里，该词一共有两种解释，一种解释是指某些能传递能量或承载其他物质的物质，这是最初的含义，多用作自然科学领域，比较狭隘。随着社会科学的高速发展，载体又有了另一种解释，即承载知识或信息的物质形体。这一种解释比前一种解释运用的范围更广，在本书中我们也是使用这个定义。新时代大学生社会主义核心价值观培育载体是指：新时代大学生社会主义核心价值观的培育者和受教育者两者之间相互作用的物质、活动形式，并承载着具有中国特色社会主义核心价值体系的内容和信息。培育载体具有承载性、持久性、客观性、中介性、可控制性等显著特点，在新时代大学生社会主义核心价值观培育过程中具有十分重要的功能和作用。

一、形成概念层、表征层、行为层和伦理层等维度的实践载体

概念是对同类事物共同的一般特质和本质属性的概括和反映，是思维的细胞，也是最基本的思维形式。表征是信息在头脑中的呈现方式，是信息记载或表达的方式，能把某些实体或某类信息表达清楚的形式化系统以及说明该系统如何行使其职能的若干规则。因此，我们可以这样理解，表征是指可以指代某种东西的符号或信号，即某一事物缺席时，它代表该事物。行为是举止行动，指受思想支配而表现出来的外表活动。伦理是人伦道德之理，指人与人相处的各种道德准则。该词在汉语中指的就是人与人的关系和处理这些关系的规则。从学术角度来看，人们往往把伦理看作是对道德标准的寻求。在新时代大学生社会主义核心价值观培育中，要形成概念层、表征层、行为层和伦理层等维度的实践载体，要注重对以下载体的运用和重视。

（一）文化载体

文化具有多重含义，有广义和狭义之分。总而言之，文化无论从哪个层面来看都既具有传承性，又具有时代性。传承性是指，文化能够将不同时期的经典内容通过更新和发展以保留至今。时代性是指，文化总处于不断的动态发展之中，任何时期的文化都有当时社会的烙印。文化因受时代因素的影响和变化而处在不停的发展中。从某种层面上来说，文化载体与文化本身不一致，但又离不开文化本身的发展，文化载体本身起着表现和承载的作用。

高等教育阶段要强化学生文化主体意识，培养具有崇高审美追求、高尚人格修养的高素质人才。新时代大学生社会主义核心价值观的培育不仅需要扎实的物质基础和坚强的政治保障，也同样需要强有力的精神支柱和完善的文化基础。积极的、高雅的文化作品不仅能够净化人们的心灵，提高人们的精神境界，更有助于提高人们的思想道德素质。相反，具有暴力、粗俗要素的文化作品就会损害人们身心健康，直接阻碍大学生的成长。因此，对于优秀文化作品的需求是十分迫切而必要的。顺应时代的要求，文化载体应不断地发展和完善。高校的校训、校歌、校园的人文景观、教学楼和图书馆的设计、图书馆的重修等都隐含着校园文化，也对大学生进行着无声的社会主义核心价值观的熏陶和培育。同时，发展文化事业是满足大学生精神文化需

求、保障大学生文化权益的基本途径。高校要坚持为大学生服务、为社会主义服务的方向，坚持百花齐放、百家争鸣的方针，全面繁荣文学艺术、哲学社会科学事业，着力提升大学文化服务水平，让大学生享有更加充实、更为丰富、更高质量的精神文化生活。更为重要的是，有机整合相关学科的美育内容，推进课程教学、社会实践和校园文化建设深度融合，融入社会主义核心价值观，开展以美育为主题的跨学科教育教学和课外校外实践活动。

现实的社会情况为新时代大学生社会主义核心价值观培育提出了新的要求。近年来，高校逐渐开始重视繁荣校园文化，坚持培育优良校风教风学风，持续开展文明校园创建活动；建设一批文化传承基地，发挥校园建筑景观、文物和校史校训校歌的文化价值；加强高校原创文化精品创作与推广。高校利用社团文化、班级文化、宿舍文化等发挥重要的宣传作用，将这些代表学生最真实情况的文化形式有机地结合起来，成为当今高校青年大学生社会主义核心价值观培育的重要文化形式之一。但纵观现在的高校思想政治教育体系，我们发现新时代大学生社会主义核心价值观培育的文化载体仍然处于初级阶段，未形成完整的体系，缺乏连贯性和主题性，还有待高校思想政治教育工作者进行不断地挖掘和创新，通过丰富多样的文化形式来对新时代大学生进行社会主义核心价值观培育。与此同时，新时代青年大学生也应该主动用有内涵的文化形式来强化践行社会主义核心价值观，在领略校园之美中感悟文化之美、陶冶心灵之美。同时，有些高校重点建设一批思政类公众号，发挥新媒体平台对高校思政工作的促进作用，引导和扶持师生积极创作导向正确、内容生动、形式多样的网络文化产品。建设高校网络文化研究评价中心，推动优秀网络文化成果纳入科研成果评价统计，才能在高校传承革命文化、发展先进文化，努力在光耀时代、光耀世界的中华文化中培育新时代大学生社会主义核心价值观。

（二）管理载体

管理载体是指使高校思想政治培育过程中的各种管理活动承载并传递一定的思想政治内容，尤其是社会主义核心价值观，让其渗透到新时代大学生的思想、学习及将来的工作之中，从而达到强化和提升新时代大学生思想政治教育的目的。在高校对大学生的社会主义核心价值观培育方面，管理载体主要包括教学管理、生活管理、工作管理等。教学管理包括教务管理、课程管理、考试管理、学生成绩管理等。这些管理活动既有助于教学的正常运行，又能起到较好的管理作用。高校大学生的生活管理主要包括对其学习、生活工作方面的管理，这是一个非常重要的方面。解决了大学生生活管理方面的问题，就能更好地将社会主义核心价值观的内容渗透其中，扩大其影响力。工作管理是指对大学生工作的指导，这无疑也是一个非常重要的方面，通过对学生工作的指导和管理，社会主义核心价值观的内容和观念更能融入学生平时的学习、生活、工作中，使得社会主义核心价值观在实践层面得到进一步践行。

这些管理手段为新时代大学生社会主义核心价值观培育工作提供了必要的支持。正是由于将这些管理活动与社会主义核心价值观培育工作有机地结合，高校社会主义核心价值观培育工作中既有管理又有教育，即既寓管理工作于各项社会主义核心价值观培育工作之中，又寓各项社会主义核心价值观培育工作于各项管理工作之中，使得整个高校的社会主义核心价值观培育工作更加有章可循，有理可依。教育者和学习者也更加容易接受这种管理模式，少了厌烦，更能理解和支持新时代大学生社会主义核心价值观培育工作。同时，高校社会主义核心价值观培育的管理载体采取奖惩统一的方式以保证新时代大学生社会主义核心价值观的培养效果，既克服了片面的只奖不罚或只罚不奖，又能从根本上保证高校学生工作的顺利开展，将社会主义核心价值观培育逐步落实。

（三）活动载体

新时代大学生社会主义核心价值观培育的活动载体是指教育者进行社会主义核心价值观教育开展的某种活动，使受教育者在实践活动中潜移默化地接受社会主义核心价值观教育。高校关于新时代大学生社会主义核心价值观教育的活动非常丰富多彩，按照活动的形式可以划分为教育类活动、实践类活动、文体类活动等。教育类活动具有目的性、实践性、双向性、三维性以及多功能性，比如重大的节庆活动、参观烈士陵园等。实践类活动是指社会实践的活动，让新时代大学生在活动中体会和感悟社会主义核心价值观，如青年大学生志愿者活动、社区服务等活动。这些实践活动能够使青年大学生在实践过程中深刻记住并践行社会主义核心价值观，达到实践载体的目的。文体类活动则是指文艺体育类的活动，于活动中寓社会主义核心价值观，以增强新时代对社会主义核心价值观的认识和了解。比如，关于新时代大学生践行社会主义核心价值观的演讲比赛、朗诵比赛、体育比赛等文娱活动，这些活动轻松活泼，形式多样，大学生喜闻乐见，影响面也比较广。

按照活动的主体，新时代大学生社会主义核心价值观培育的活动载体可以分为党团活动、社团活动、班级活动、宿舍活动。党团活动是新时代大学生思想政治教育的主要阵地，在新时代大学生社会主义核心价值观培育方面起着十分重要的作用。团支部通过各种活动向党组织推选最优秀的学生，对青年大学生进行思想政治教育工作。而党组织则会通过党支部对潜在的党员学生进行一定的考察和考核，经过严格的筛选后大学生才有资格加入中国共产党。另外，每个学校的党委（总支）、每个学院的党支部也会定期开展各种政治学习活动，如开展党团时政知识竞赛、主题党日、政治学习等活动以帮助新时代大学生从理论和实践上弘扬和践行社会主义核心价值观，效果尤其明显。社团活动也是十分重要的载体之一，社团活动不仅可以让新时代大学生学到新的知识和理论，更有助于新时代大学生提高人际交往的能力，实现其自我价值。班级活动则为新时代大学生提供了一个展示自己的平台，能够增强新时代大学生的集体荣誉感和责任意识，提供锻炼自己和展现自己勇气的机会。宿舍是新时代大学生学习和生活的最小单位，宿舍氛围、舍友关系等都直接影响到新时代大学生的成长生活，同时也会影响到新时代大学生的心理健康。高校可以通过丰富的宿舍活动，充分展示我国社会主义核心价值观的思想和内容，这将会起到非常好的效果。

（四）传媒载体

新时代大学生社会主义核心价值观培育的传媒载体主要是指报纸、广播、电视以及网络传媒等大众传播媒介，它们将社会主义核心价值观的内容传播到大学生群体中，在大学生头脑中形成社会主义核心价值观。传媒载体主要包括传统传媒载体和新型网络传媒载体。

（1）传统传媒载体。一直以来，大学生社会主义核心价值观教育的传播主要都是通过报纸、广播及电视等大众传播媒介，将思想政治教育内容传播到青年大学生学习、生活和工作之中。最早期的传媒载体可能是文字类、图片类型的刊物，比如高校中的宣传栏、横幅标语等都是最早期、最传统的媒体。这些传统传媒载体仍然占据着重要的地位，因为它具有宣传范围广、便于反复使用等特点。这些对于高校培育新时代大学生社会主义核心价值观具有十分重要的作用。在高校，大学生还喜爱另一种传播的方式，也就是随处可听到的校园广播。这种通过悦耳的声音来传递讯息的方式不仅能使听众朋友心情愉悦，更能将其需要传达的思想观点传递给大学生。校园广播也是青年大学生紧跟时代的一种体现，具有传播速度快、感染力强的特点，同时也具有较低成本的优点，这些优点都是传统传媒载体至今仍活跃在当前高校大学生社会主义核心价值观培育中的理由。

（2）新型网络传媒载体。随着时代的迅猛发展，互联网、大数据时代到来，新时代的大学生生活在互联网世界里。传统的培育载体已经远远不能满足新时代大学生的需求，一定程度上制约了新时代大学生接受社会主义核心价值观的培育。因此，在互联网、大数据时代，我们不仅需要灵活运用传统培育载体，同时，更需要能加强社会主义核心价值观培育的新型传媒载体，加强网络育人，提升校园新媒体网络平台的服务力和吸引力。由于互联网的发展一直伴随着新时代大学生的成长和发展，因此互联网也是思想政治教育一块不容忽视的阵地，高校思想政治教育者以互联网为载体，通过网络这一电子信息交换的平台，向大学生们传播社会主义核心价值观，达到提高新时代大学生思想道德素质与高校网络文明建设的目的。

但是，在使用网络载体培育的过程中不可能总是一帆风顺的，既会有网络载体带来的机遇，也会遇到前所未有的挑战和困难。就机遇而言，网络载体由于其传播非常迅速、直观，不仅能够将社会主义核心价值观快速地传达给大学生，扩大大学生思想政治教育的覆盖面，更能通过网络及时、全面地收到大学生的反馈和真实思想状态。另外，就挑战而言，由于互联网的传播缺乏一定的安全性，其内容的审核并没有得到完全的筛选，导致传播的内容较传统的传播渠道更加开放。由于其不可忽视的开放性，整个世界已经逐渐成为一个地球村，而西方文化、价值观的传播又非常强势，国内外不少敌对分裂势力试图将网络作为对我国大学生思想政治意识渗透的重要工具。再加上互联网存在着不少的黄色、暴力、垃圾、虚假信息等，这些极度不良的信息给大学生造成了一定的负面影响。因此，在运用网络载体的同时，国家和社会应尽快建立完善相应的监管机制，营造良好的网络环境。

高校要努力建设高质量教育体系，要对标服务全民的终身学习体系。按照以习近平同志为核心的党中央的重大部署，强调"发挥在线教育优势，完善终身学习体系，建设学习型社会"①，充分体现了建设学习型社会的顶层设计，构建方式更加灵活、资源更加丰富、学习更加便捷的终身学习体系，而对于发挥在线教育优势，我国积累了成功的实践经验。近年来我国网络本专科注册和毕业人数均居世界第一，在线教育和培训已经形成多样化格局。2020年新冠肺炎疫情突发后开展大规模在线教育，从2月到5月，国家中

---

① 中国共产党第十九届中央委员会第五次全体会议文件汇编〔G〕. 北京：人民出版社，2020：58.

小学网络云平台 20 多亿人次浏览，全国 1775 万大学生参与在线课程，合计 23 亿人次。这是全球最大规模的在线教育实验，不仅有效应对了疫情冲击，保障了师生健康和生命安全，而且探索创新了教学模式，有助于推动新时代大学生社会主义核心价值观的培育工作。

二、利用云计算、远程访问等方式，搭建核心价值观培育网络平台

互联网深刻改变了人类交往方式、社会观念、社会心理和社会行为。高校要利用云计算、远程访问等方式，搭建数字化、智能化的网络平台，为培育工作增添智慧。新时代，我国云计算进入了高速发展阶段，云计算具有资源虚拟化、服务按需化等特点，将其运用于新时代大学生社会主义核心价值观培育是大有可为的。无论是云计算，还是远程访问，都是新的载体方式，将其创新并融入新时代大学生社会主义核心价值观培育中，需要在遵循创新原则的基础上，满足搭建新时代大学生社会主义核心价值观培育载体的基本要求。

（一）创新搭建培育平台的原则

首先，要坚持培育方法的创新与制度建设相结合。由于价值取向具有多元性，人们思想观念由此具有多变性，这就决定了仅用狭义的教育是不够的，还必须加强制度建设，充分发挥教育的优势，用社会主义核心价值观去丰富思想文化阵地。制度建设与思想教育在社会主义市场经济条件下同等重要，只有通过发挥价值观的教育与制度保障的双重作用，才有利于形成正确的价值观念。但如何证明制度是科学的并且是行之有效的，这是面临的新难题。制度问题具有根本性、全局性、稳定性和长期性。因此，在加强保障、搭建新培育平台的制度建设时要经过反复的调查研究和实践，使建设的制度符合大学生社会主义核心价值观培育平台的规律，并且能最大限度地发挥制度的保障作用。目前，越来越多的高校借助网络，利用云计算、远程访问等新技术创新大学生社会主义核心价值观的培育，然而网络具有的虚拟性、传播速度快、覆盖面广等特点又使得网络平台的信息传播具有不可控性，削弱了平台的培育作用。在这种现实情况下搭建网络培育平台时将方法创新和制度建设结合起来就显得尤为重要。

其次，要坚持以学生为本的原则。在新时代大学生社会主义核心价值观

培育的过程中，搭建的培育平台不仅需要重视大学生的思维训练，还要重视其内心体悟。与此同时，还要高度关注其情感需求。在提高新时代大学生认识、提升新时代大学生思想境界的同时，不仅需要挖掘其内在情感，促使其不断升华，而且更需要充分尊重学生的主体地位，做到润物细无声。要达到这个目标，一是精准施教，对不同情况的学生应该采取不同的教育方法、设定内容和目标。二是教育说理要透彻简明，道理在讲解的过程中要清晰明了，深入浅出，讲透实质。然后经过实践与事实证明及论证后使大学生在实践事实面前认清现实，转变思想。要做到以情感人，就要关怀体贴大学生。只有做到情真意切、情理结合，才能打动人心。为此，教育者要经常深入大学生群体中，熟悉大学生的生活与思想状况，建立起深厚的个人感情；要尊重大学生的个性化需求，把解决大学生人生的思想困惑作为培育其核心价值观的出发点和落脚点；在学生遇到问题和困难时，要主动热情地关心和帮助学生解决。

最后，坚持言传与身教相结合。新时代大学生社会主义核心价值观培育要真正做到说服人、教育人，一靠言传，二靠身教。所谓言传，就是教育者把社会主义核心价值观说明、说透、说顺，使学习者认同社会主义核心价值观。而身教是指教师必须带头做榜样，以身作则、说到做到，带头践行自己倡导的价值标准，最终引导、感化和教育年轻人。只有教育者通过自身行为践行了社会主义核心价值观，大学生才会感到心服口服，才会同样在实践生活中运用该价值观，由此增强社会主义核心价值观培育的效力。但是，如果只是在形式上生搬硬套，没有从实际行为上进行相应的提升和发展，依然会引起青年大学生的反感。言传是做好培育工作的基础，身教是做好培育工作的关键，两者不可分离。坚持言传与身教相结合，是推进大学生社会主义核心价值观培育科学化的重要途径。

（二）搭建培育载体的基本要求

1. 加强培育内容与培育对象之间的联系

高校在新时代大学生社会主义核心价值观培育载体的内容和培育对象之间存在着不一致的问题。具体表现在：从高校思想政治教育管理载体来看，管理的内容不够细致且管理细节的遗漏，这些问题都会严重影响教育效果。同时，高校思想政治教育运用的管理手段容易使新时代大学生的核心价值观教育失去弹性，从而引起大学生严重的逆反心理。从高校新时代大学生社会主义核心价值观培育的活动载体来看，活动形式比较传统，不能较好贴近新时代大学生的实际情况，活动载体的形式有待创新。高校新时代大学生社会主义核心价值观培育文化载体与教学载体、管理载体相比，明显系统性不强，使得高校青年大学生核心价值观教育体系内容比较松散。高校新时代大学生社会主义核心价值观培育的传媒载体具有形式多样、生动活泼的特点，通常能将社会主义核心价值体系的内容通过转化使新时代大学生受到潜移默化的影响。然而，传媒载体的导向性、安全性不够，容易让网络中的暴力、黄色、犯罪的内容侵蚀大学生纯洁的思想和心灵。

我们可以针对以上培育内容与培育对象之间相互分离的问题对实际工作提出建议和要求。因此，在搭建新时代大学生社会主义核心价值观培育载体的过程中，应当根据社会主义核心价值观培育内容和对象的具体情况选择适当的载体。第一，要将社会主义核心价值体系的内容融入高校的管理体制中，开展形式多样、内容丰富的活动使得高校的思想政治培育工作能更接地气。第二，要借助培育载体，例如活动载体、文化载体、管理载体等，充分发挥各种载体的功能，在培育过程中形成载体合力。第三，综合发挥各种传媒载体的优势，尤其是要大力加强对网络媒体的运用，发挥网络载体的独特育人优势。针对青年大学生不同的心理特点以及社会主义核心价值观不同的内容，结合传统的、新型的媒体载体来设计活动和方案，通过多种新型传媒方式的结合，将社会主义核心价值观的内容和信息充分附着于各类传媒载体之上，潜移默化地促使新时代大学生得到全方位的发展和进步。高校在进行新时代大学生社会主义核心价值观培育的过程中，必须时刻将管理载体贯穿其中。在培养过程中只有理论的灌输是远远不够的，只通过日常的管理也是不够的，必须涉及新时代大学生社会主义核心价值观培育的方方面面。总而言之，需要充分利用青年大学生社会主义核心价值观培育的各个载体，综合其优点和缺点，善于利用各个载体以努力提高新时代大学生社会主义核心价值观培育的实效性。

2. 加强各培育载体之间的统一联系

在新时代大学生社会主义核心价值观培育的过程中，培育的各个载体之间缺乏一定的联系，比较松散，一方面表现为培育活动载体不足。如果活动的组织者缺乏学校各方的有效指导和协助，通常对于青年大学生社会主义核心价值观培育的活动效果就会有严重的影响，宣传教育效果不那么显著。另一方面，表现为媒介载体的运用方式和媒体人员各方面的素质存在着一定的不足。如今互联网已经深入生活的方方面面，也逐步应用于学生教育中，但是应用效果还不够明显，需要加强互联网等新型媒介的运用。只有综合利用这些传媒载体，才能充分实现各类载体在新时代大学生社会主义核心价值观培育过程中的功能和价值，才能使得各类载体充分互补，发挥整合效应。各个传媒载体之间不仅存在着一定的互补关系，更存在着一定的竞争关系，这种竞争与互补的关系能够促使各个载体之间的进步与发展。

为了加强培育各载体之间的统一联系，首先，必须充分利用好各方面的载体，然后注重各个载体之间的互补，以加强高校对新时代大学生社会主义核心价值观培育工作的实效性。在新时代大学生社会主义核心价值观培育过程中，由于各个载体之间存在着一定的联系，因而必须注意各载体之间相结合，提高社会主义核心价值观的亲和力与可接受性，努力促进高校思想政治教育科学化、社会化和现代化。其次，为完善评估制度、加强效果的监控，需要构建新时代大学生社会主义核心价值观培育的传媒载体监管机制，包括社会主义核心价值观的培养目标、内容、过程、评价、反馈等过程。也就是说，要达到良好的社会主义核心价值观培育效果，就必须从目的到反馈都有一个系统的体系和过程。

3. 加强创新培育载体的开发与应用

改革创新精神是我国社会主义核心价值体系的一个重要内容，更是时代精神的核心。首先，随着互联网经济时代的到来，新时代大学生尤其需要紧跟时代的步伐，用改革创新的精神来创新社会、创新生活。对于新时代大学生社会主义核心价值观培育来说，不仅需要用改革创新的精神来创新社会主义核心价值观培育的活动载体，更加需要创新丰富多彩的活动形式，促进新时代大学生社会主义核心价值观培育。其次，由于当今科技进步速度太快，所有人接受的知识和技能都随着时代和科技的进步而不停地发生着变化，尤其是正在接受高校教育的新时代大学生，其学习的知识结构和思想观念也都随着科技的进步发生着巨大的变化，而新时代大学生可塑性强的特点使其能迅速接受新的知识。与青年接受性强的特点相反，高校的思想政治培育载体中的文化载体具有一定的保守性，不一定能与时俱进，常常滞后于时代和科技的发展。这样一来，新时代大学生接受的观念和科技的进步步伐未达到一致，影响了新时代大学生在习得社会主义核心价值观过程中的接受性和积极性。因而，高校在进行新时代大学生社会主义核心价值观培育的过程中应当注重培育载体的创新，尤其是文化载体的创新。在时代和科技的发展基础上，认真探讨新时代大学生真实的想法和思想观念，因为只有在了解真实情况的前提下才能有新的突破和发展。最后，除了文化载体方面的创新，培育方面的教育载体也应当做出适当的创新和改变。在借鉴国内外优秀经验的基础之上，充分运用各种载体，大胆改良教学的形式，充实教学的内容和信息，最终形成良好的合力，充分调动新时代大学生践行社会主义核心价值观的积极性，使其将价值观运用到现实生活、工作和学习中去，实现新时代大学生社会主义核心价值观教育的最终目标。同时，在实践上要大胆创新，善于总结经验，尤其需要多多学习借鉴国内外先进的文化建设经验，并结合学校特点进行新时代大学生社会主义核心价值观培育建设。

三、调动学校、家庭、社会培育的同向同行

党的十九届五中全会审议通过的《中共中央关于制定国民经济和社会发展第十四个五年规划和二〇三五年远景目标的建议》提出"健全学校家庭社会协同育人机制，提升教师教书育人能力素质，增强学生文明素养、社会责任意识、实践本领，重视青少年身体素质和心理健康教育"[①]。健全学校、家庭、社会协同育人机制，使家庭、学校、社会的培育同向同行的主要目的是从实现人民对美好生活的向往和事关党和国家前途命运的大局出发，在"培养什么人、怎样培养人、为谁培养人"这一根本问题上凝聚更大共识，更好探索立德树人体制机制，在学校、家庭、社区和社会各方面汇聚更大合力，为新时代大学生社会主义核心价值观培育共同营造良好的社会环境和文明风尚。

（一）学校是人才培养的主阵地

高校要发挥管理载体在大学生平时的生活、学习、工作方面的作用，通过行之有效的管理方式，提升高校管理育人成效。当前，越来越多的高校注重对大学生细节方面的规范和约束，以期在这些细节之处融入社会主义核心价值观。例如，高校宿舍管理会促进学生节约用水，禁止使用大功率电器，建设节约型社会。在食堂管理方面，学校也采取了诸如节约粮食、学生自己回收餐具等措施，以培育新时代大学生良好的行为习惯。在课外活动、班级

---

① 中国共产党第十九届中央委员会第五次全体会议文件汇编［G］.北京：人民出版社，2020：57.

活动、社团活动、宿舍管理活动中注重渗透社会主义核心价值观。同时，在高校的实际工作中，针对学生评优、评奖、入党、推免、就业等重要事项，要坚持公平、公正、公开的原则，将标准化管理与人性化管理相结合，不断拓展管理载体在新时代大学生社会主义核心价值观培育中的新思路新方法。

（二）家庭是人生的第一所学校

家庭是孩子的第一间课堂，父母是孩子的第一任老师。习近平总书记强调："广大家庭都要重言传、重身教，教知识、育品德，身体力行、耳濡目染，帮助孩子扣好人生的第一粒扣子，迈好人生的第一个台阶。"① 这深刻阐释了家庭、家教、家风在新时代大学生社会主义核心价值观培育中的重要性。推动新时代大学生社会主义核心价值观在家庭教育中落细落小落实，要深化家庭文明建设。通过深化家庭文明建设，引导广大家庭把爱家与爱国统一起来，把实现家庭幸福的希望融入实现中华民族伟大复兴中国梦中，有利于传承弘扬优良家风，推动社会主义核心价值观在家庭生根。同时，要引导家庭成员在为家庭谋幸福、为他人送温暖、为社会作贡献的过程中自觉践行社会主义核心价值观，扎实做好新时代大学生社会主义核心价值观培育的家庭教育支持服务。然而，家庭教育也不是一件简单的事情，需要耗费家长和子女大部分的精力和力气，尤其是家庭教育的过程中可能会遇到以下几种问题：

首先，家庭教育方式存在问题。现代家庭的孩子大多是独生子女，家长通常把所有希望都寄托在孩子身上，"望子成龙""望女成凤"是我国传统的思想，都希望子女将来有好的发展。这样的愿望是好的，但在年轻人形成价值观的时候会产生不同的问题，应该改善家庭教育模式，否则将影响年轻人的身心健康发展。孩子在这种强迫式的灌输下根本没有享受到学习的快乐，更多的是对学习和考试的排斥和厌恶，出现逃学、逃课、装病等行为。伴随着现代社会压力的增强，越来越多的家长感受到学历和能力的重要性，表现出来就是不停地让孩子参加各种兴趣特长班。这种不问孩子兴趣，盲目跟风，让孩子参加兴趣班的作为直接反映了家长们急功近利、揠苗助长的心态，对孩子的身心成长具有不利影响。尤其在孩子正在发展自身兴趣爱好、获得自我意识的过程中，这些强加的兴趣和特长并没有让他们感到快乐，更多的是压力和焦虑，这种不安会使得孩子从小就表现出心理不健康的趋势。

---

① 习近平. 在会见第一届全国文明家庭代表时的讲话 [M]. 北京：人民出版社，2016：5.

其次，轻视德育。一直以来，中国的应试教育使得当下的家长把分数看得过重，这种把考试成绩、考试分数看得过重的行为直接导致家长对学生的关注全都集中在成绩和分数上。多年来，中国的应试教育使家长过分看重成绩和分数，导致多少孩子苦不堪言。家长的精力往往是有限的，在过分看重学生成绩的前提下，他们已经没有过多精力关注学生的品德方面的培养，再加上爷爷奶奶、外公外婆等老一辈的过分宠爱，全家人都只关注学生的身体成长以及考试成绩，而忽略了其品德和心理的健康成长。在这种传统的家庭教育模式下，中国的孩子只负责学习，其他事情一律都不参与，最终造成部分孩子高分低能、自私自利等现象。因此，我国传统家庭教育模式必须得进行一定的转变，由过分看重成绩和分数逐渐转变成重视品德和心理的成长发展。只有孩子的心理和品德能够健康发展，才能自觉树立和践行社会主义核心价值观，才能"善于从中华民族传统美德中汲取道德滋养，从英雄人物和时代楷模的身上感受道德风范，从自身内省中提升道德修为，明大德、守公德、严私德，自觉抵制拜金主义、享乐主义、极端个人主义、历史虚无主义等错误思想，追求更有高度、更有境界、更有品位的人生"①。

最后，存在家庭矛盾。在现代家庭中，多多少少会出现各种各样的家庭矛盾，尤其是伴随着离婚率的上升，家庭中父母离异、父母外出打工产生留守儿童、家庭暴力、父母恶习等问题，都已成为不和谐家庭产生的原因之一了。对于家庭中不和谐的现象，必须采取措施予以积极引导，使其能够健康发展。尤其是家庭、高校、社会应当三管齐下，密切配合，对家庭的矛盾进行调节或处置。除此之外，高校应与新时代大学生的家人经常沟通，在必要时予以帮助，使他们能够树立良好的人生观、价值观，改掉恶习，为学生树立良好的榜样。新时代大学生的家长也应当时刻注意自身的言行举止，从自身做起，做孩子身边的优秀榜样。与此同时，家长也应当降低自己的姿态，不要总是高高在上，而应多与孩子平等地交流和沟通，多了解孩子内心的真实想法，并尊重他们的意愿，帮助孩子形成正确的价值观。

（三）社会是个体谋划发展的大环境

教育，不仅是家事，更是国事。育人，从来都离不开社会的支撑，新时代大学生社会主义核心价值观培育要用好社会大课堂。一方面，社会要营造

---

① 习近平. 在纪念五四运动100周年大会上的讲话 [N]. 人民日报，2019−05−01（02）.

良好的文化环境。马克思指出："人创造环境，同样，环境也创造人。"① 通常在社会环境下的教育具有自然性、渗透性等特点。因此，在大学生社会主义核心价值观培育中必须大力营造良好的文化环境。与此同时，需要为新时代大学生社会主义核心价值观的培育营造积极健康向上的社会文化环境，如定期举行大型活动，组织青年大学生参与其中，从认知到情感体会社会主义核心价值观体系的内容和观点。由于时代背景不同，新时代大学生个人意识较强，部分大学生表现出自私自利、情感淡漠等现象。如果在高校的教育过程中让更多的新时代大学生参与组织、策划活动，那么这样就能让新时代大学生增强集体意识，学会如何分享，增强与人交流的能力。另外，在创造良好社会环境的同时，还需要对社会上的黑恶势力进行严查。监管部门应当加强对社会以及网络上的不良信息的监控，严厉打击黑恶势力，营造风清气正的网络环境。另一方面，要广泛加强政治宣传。习近平总书记强调："做好新形势下宣传思想工作，必须自觉承担起举旗帜、聚民心、育新人、兴文化、展形象的使命任务。"② 新时代大学生在接受社会主义核心价值观培育的过程中不仅仅只是接受高校的思想政治理论课，更会受到社会各界的宣传和教育的影响。只有加强各方面的宣传教育，才能使得大学生在生活、学习、工作的各个方面充分践行社会主义核心价值观。

第二节　新时代大学生社会主义核心价值观培育的方法运用

新时代大学生是民族复兴的"生力军"、强国建设的"续写者"和红色江山的"接班人"。大学生作为国家的栋梁、未来的希望，在我国社会主义现代化事业建设中担当着重要任务。大学生是实现中华民族伟大复兴中国梦的核心力量与重要人力资源。大学生价值观的正确与错误在很大程度上关系到个人的未来和国家的命运。因而，做好新时代大学生社会主义核心价值观的培育工作就显得十分重要。新时代新征程要求大学生社会主义核心价值观培育运用新的方法。具体方法为：运用高校课堂主阵地统筹好办法、采取整

---

① 中共中央马克思恩格斯列宁斯大林著作编译局. 马克思恩格斯选集：第 1 卷 [M]. 北京：人民出版社，1995：92.

② 习近平. 习近平谈治国理政：第 3 卷 [M]. 北京：外文出版社，2020：312.

体性创新实践基地改进老办法、实现贯通式采用现代技术挖掘新办法，从而提升新时代大学生社会主义核心价值观培育的获得感和实效性。

一、高校课堂主阵地统筹好办法

对新时代大学生进行社会主义核心价值观教育是高等教育坚持中国特色社会主义共同理想和共产主义崇高理想，体现国家教育意志、教育理念和教育方针的根本要求。在新时代，引导大学生树立社会主义核心价值观是我国社会工作的重中之重，这一工作关系到我国对接班人和建设者的培养进程，关系到中华民族伟大复兴和人们对美好生活的向往。在新时代大学生社会主义核心价值观培育过程中，只有全员都参与其中才能为其培育工作增添更多的力量，也只有各方面的力量都形成合力时才能发挥教育的最大优势。新时代大学生社会主义核心价值观培育需要充分发挥高校主阵地、课堂主渠道、教师主力军的作用。高校主阵地统筹核心价值观教育好办法，能有效推进社会主义核心价值观在新时代大学生中入脑、入心、入行。

（一）在主阵地中加强校园文化建设

文化能够潜移默化地影响人们的思想意识、价值判断、道德情操，从而影响人们的价值观念，对培养人们的价值认同具有不可替代的特殊作用。文化育人是新时代大学生社会主义核心价值观教育的重要手段。

校园文化是一所学校的脸面，也是办学的"软实力"。校园文化为新时代大学生接受教育和成长成才提供了土壤和环境，培养能担大任、可堪大用的时代新人离不开和谐校园文化的支撑。当今社会存在不少消极因素和腐败现象，存在许多不利于新时代大学生健康成长的负面文化。大学生的生理、心理尚未成熟，可塑性大，模仿性强，辨析能力差，很容易受外部环境的影响。这些现状要求我们加强校园文化的建设。在校园文化建设中要以社会主义核心价值体系为根本，努力构建一套以社会主义核心价值体系为指导的、符合实际的校园文化建设体系。将社会主义核心价值体系的内涵融入学校精神、目标、校风、传统习惯、行为准则和规章制度等，不断创造校园文化建设的新形式和新内容，营造知荣辱、明道义、讲正气、促和谐的校园氛围，在潜移默化中达到润物细无声的社会主义核心价值观培育效果。

教育是先进文化的重要内容，能为建设中国特色社会主义的总体目标提供思想保证、精神动力和智力支持，促进人的全面发展。教育具有先导性、全局性和基础性的战略意义。一所好学校，就是要确立和创造一种能够使学校全体师生员工共同认同的教育理念和使命感，以及奋发向上的文化氛围，推动学校改革发展的校园文化。

（二）在主渠道中加强思想教育

"大学之道，在明明德，在亲民，在止于至善。"这是《大学》中的一句话。中国古代曾提出了"君子"这一个道德楷模概念来推崇以道德为核心的价值观教育。在主渠道中加强新时代大学生的思想教育，要依靠高校的思想政治理论课这个主渠道。习近平总书记强调："思想政治理论课是落实立德树人根本任务的关键课程。"[①]在实现立德树人的过程中一个很重要的内容就是引导学生形成正确的价值观，即社会主义核心价值观，然而这离不开思想政治理论课的思想教育功能。思想教育在社会主义核心价值观的认知认同中处于基础性地位，这就意味着如果新时代大学生对社会主义核心价值观的认知认同程度越高，践行社会主义核心价值观的可能性也就更高。基于此，新时代高等教育，更应该重视思想教育的基础性作用，在思想政治理论课中加强对社会主义核心价值观的认知认同。

学校教育是社会主义核心价值观教育的主阵地，课堂教学是社会主义核心价值观教育的主渠道。学校是培养学生形成正确世界观、人生观、价值观的重要场所，而且在学校中有一整套思想教育的严格的教育规范。因此，学校在学生价值观念和思想品德形成的过程中具有重要作用。要在教育教学过程中把社会主义核心价值观渗透到各个学科，充分发挥课堂的主渠道作用。让新时代大学生不仅系统掌握社会主义核心价值观的基本内容，而且把社会主义核心价值观内化为新时代大学生的思想素质和精神品格，凝聚起向上向善的力量。

（三）在主力军中丰富教学教法

由于受到市场经济、互联网等影响，新时代大学生的思想观念、价值观、人生观等都受到了前所未有的挑战。新时代大学生是接受新事物、发现新问题最快的一代，大学时期，是大学生一生中思想最活跃的时候。因此，针对新时代大学生社会主义核心价值观的培育应该更加有的放矢。高校教师

---

① 习近平. 用新时代中国特色社会主义思想铸魂育人　贯彻党的教育方针落实立德树人根本任务 [N]. 人民日报，2019-03-19（01）.

一定要具备敏锐的洞察力，通过洞察、分析、观察大学生思想、行为现象，进行实际的教育和宣传，最终帮助他们形成科学的价值观，让他们树立崇高的人生理想并在为人民服务的生动实践中书写人生华章。

一是重视课堂教育。一直以来，有些高校的思想政治教育课流于形式，存在诸多如教学呆板、授课方式单一、授课内容陈旧等缺点。高校一直重视课堂教育工作的创新，希望通过课堂的教育宣传工作逐步提高新时代大学生的思想观念。高校通过一定的创新工作能够将枯燥无味的理论融入实际的活动中，最终提升新时代大学生对社会主义核心价值观的认知和认可。二是采用新型宣传载体。高校要充分利用各种新的宣传载体，在传统的校报、校园广播等的基础上再加上微信、微博、抖音、快手等新型的传媒载体，将社会主义核心价值观充分展现于校园的每一个角落，把新时代大学生社会主义核心价值观教育落实落细落小。高校应当充分利用新型传媒载体宣传和传递社会主义核心价值观。三是高校思想政治教育各部门必须针对有些大学生不诚信、道德败坏以及在网上散播各种丑恶事件的行为采取必要措施，坚决惩罚各种散布、传播丑恶事件的青年大学生。同时，对于优秀的进步的言行也要予以及时的鼓励和表扬。另外，高校也要积极组织校外的宣传活动，促进新时代大学生德智体美劳全面发展，培养学生的爱国情怀、社会责任感、创新精神、实践能力、奋斗精神。

（四）在统筹中引领舆论正确方向

在《现代汉语词典》中，舆论是指公众的言论。而舆论学对舆论的定义非常多样，本书选取舆论是指在一定社会范围内，消除个人意见差异，反映社会知觉和集合意识的、多数人的共同意见这一定义。在我们的生活中，每个人都处于舆论的包围之中，都受到了舆论的制约。同样，舆论对社会主义核心价值观的传播可以影响个人价值观的形成。

习近平总书记指出："舆论导向正确，就能凝聚人心、汇聚力量，推动事业发展；舆论导向错误，就会动摇人心、瓦解斗志，危害党和人民事业。"[①] 因而，舆论能够影响和制约个体价值观的形成。首先，通过不同的社会舆论的相互制约和相互影响，对周围的事物和现象进行价值评估，帮助人们掌握判断好坏是非的标准，形成科学的价值观，并进而自觉调整自己的

---

① 中共中央党史和文献研究院. 十八大以来重要文献选编（下）［M］. 北京：中央文献出版社，2018：215.

行为，发挥其积极的行为导向作用。其次，舆论为科学价值观的传播营造良好的社会环境。舆论是一种影响个体意识表达的无形力量，而且其大众化、普遍化的特点使得它很容易形成一种声势和氛围，左右人们的思想和行为。

在舆论传播的过程中，正如习近平总书记强调的要"坚持正确舆论导向，高度重视传播手段建设和创新，提高新闻舆论传播力、引导力、影响力、公信力"①。媒体在传播的过程中必须坚持党的领导，坚持马克思主义在意识形态领域的指导地位，坚持社会主义先进文化前进方向，坚持社会主义核心价值观的引领，不断增强政治敏锐性和政治鉴别力，正确分析和对待社会思潮，更好地为人民服务。同时，要大力传播和倡导社会主义核心价值观，努力营造积极、健康、向上的社会氛围，努力实现"以科学的理论武装人，以正确的舆论引导人，以高尚的精神塑造人，以优秀的作品鼓舞人"②的终极目标。

二、整体性创新实践基地改进老办法

毛泽东在《实践论》中指出，"实践、认识、再实践、再认识，这种形式，循环往复以至无穷"③。新时代大学生只有在深厚的社会实践中扎根，才能牢固树立社会主义核心价值观。"纸上得来终觉浅，绝知此事要躬行。"在新时代大学生社会主义核心价值观培育中，整体性创新实践基地，改变传统课堂理论教学的模式，健全实践课程开发、优化实践基地建设、完善实践保障机制，使大学生走出去，用专业知识投身于社会实践中。

（一）健全实践课程开发

马克思主义认为："全部社会生活在本质上是实践的。"④ 实践是人类能动地改造世界的社会性的物质活动，是价值导向产生的基础，决定着社会主义核心价值观的形成和发展。邓小平指出："教育全国人民做到有理想、有道德、有文化、有纪律。这四条里面，理想和纪律特别重要。我们一定要经

---

① 中共中央党史和文献研究院. 习近平关于总体国家安全观论述摘编 [M]. 北京：中央文献出版社，2018：130.
② 江泽民. 江泽民文选：第 1 卷 [M]. 北京：人民出版社，2006：563.
③ 毛泽东. 毛泽东选集：第 1 卷 [M]. 北京：人民出版社，1991：296.
④ 中共中央马克思恩格斯列宁斯大林著作编译局. 马克思恩格斯选集：第 1 卷 [M]. 北京：人民出版社，1995：56.

常教育我们的人民，尤其是我们的青年，要有理想。"[1] 理想和信念是大学生个体对未来的向往和追求，是价值追求的最高体现之一。理想和信念是在学生固有认识的基础上确立的，离不开学生的生活实践和生长环境，同时也支配着学生的具体实践活动。社会主义核心价值观在实践中养成，要健全实践课程开发，通过加大课程需求分析、推动课程标准制定、落实教材开发使用，使新时代大学生自觉实践社会主义核心价值观。

为了紧密结合社会主义核心价值观，坚持课程理论性和实践性相统一，让思政小课堂同社会大课堂更多更好地结合起来，如在社区儿童福利院活动中，台上的大学生载歌载舞，而台下孩子们脸上可能会有着深深的厌烦与疲倦。弱势者的弱势，往往包括他们没有权力决定要以什么形式接受慰问，但这绝不表示他们可以不在意真实感受，或他们分辨不出来什么是有温度的形式。实际上，有些高校课程一味进行娱乐化的实践活动，恰是对大学生践行社会主义核心价值观要求的走偏，致使实践活动调研缺失、实验缺位、反思不足。究其根源，还是教育者缺乏内在学习动机、职业倦怠以及职业幸福感、成就感不足使然。

首先，加大课程需求分析。一方面，要结合新时代新要求，将社会主义核心价值观、中华优秀传统文化、民族团结教育等内容融入课程标准、教材编写、考试评价之中。另一方面，要实施高校课程体系和教育教学创新计划，整体推进教材、教师、教学、评价、学科、保障等方面综合改革创新，打造由思想政治理论课、专业课程、社会实践、网络教学等构成的教育教学体系。

其次，推动课程标准制定。课程标准是实施人才培养方案、实现培养目标的教学指导方案，要完善中国大学生发展核心素养体系，明确大学生终身发展和社会发展需要的必备品格和关键能力，在德智体美劳全面发展的教育理念指导下建立和完善各学段、各学科课程教学有关标准。在课程标准制定中要坚持原则性和灵活性相统一的原则，提高社会主义核心价值实践育人成效。

最后，落实教材开发使用。实践课程教材要突出新时代大学生社会主义核心价值观培育的新要求，要符合新时代大学生社会主义核心价值观培育的新目标。要用好党的十八大以来党中央、国务院印发的《关于加强和改进新形势下大中小教材建设的意见》《关于加快构建高校思想政治工作体系的意

---

① 邓小平. 邓小平文选：第 3 卷 [M]. 北京：人民出版社，1993：110.

见》等重要文件。同时，要注重开发校本资源，将本地方的社会主义核心价值观育人资源写进教材。实践课程教材是实践课程开发的重要组成部分，要体现实践课程的"三维"目标，即知识目标、能力目标与情感态度价值观目标，使新时代大学生在实践中长才干、作贡献，努力践行社会主义核心价值观。

（二）优化实践基地建设

2012 年 1 月，教育部指出各高校要"建立多种形式的社会实践活动基地，力争每个学校、每个院系、每个专业都有相对固定的基地"①。大学生社会实践基地是理论教育和实践教育相结合的重要场所，开展实践基地活动能够让大学生参与实践、了解社会、了解国情、奉献社会。为了更好地推动实践教育，为大学生提供更多实践机会，高校应该加强同企业合作，优化实践基地建设，使实践基地活动开展规范化、常态化、品牌化，实现资源共享、互利共赢。

高校为学生组织实践活动时，要积极寻找与本校学生专业相契合的社会单位和团体，要加强同当地政府和社会团体的联系，定时定期同社区、乡镇、企事业单位、爱国主义教育基地联合开展活动，使合作常态化、规范化。在建设实践基地和实习基地过程中，要坚持互利共赢、服务企业、统一管理、校企互动的原则，为高校大学生提供稳定可靠的实践机会。比如，组织学生到当地的博物馆、纪念馆、展览馆等单位参观学习，实现文化事业单位同学校资源的有效衔接，丰富学校的课外教学。同时，学校的优秀师生资源也可以为文化事业单位服务，促进双方优势资源互补。校企合作有利于高校提高办学水平，有利于为社会发展输送一批优秀人才。近年来，越来越多的高校根据自己学校的专业特色或王牌专业，搭建起了丰富多样的校内外实践基地，社会主义核心价值观的实践育人工作成效已经显现。

（三）完善实践保障机制

习近平总书记指出："实践的观点、生活的观点是马克思主义认识论的基本观点，实践性是马克思主义理论区别于其他理论的显著特征。"② 完善

---

① 教育部思想政治工作司. 加强和改进大学生思想政治教育重要文献选编（1978—2014）[M]. 北京：知识产权出版社，2015：497.

② 习近平. 在纪念马克思诞辰 200 周年大会上的讲话 [M]. 北京：人民出版社，2018：9.

实践保障机制，高校要从源头加强实践制度制定，过程中要促进实践制度落实和完善，才能促进实践基地的各项活动有序开展，保证大学生在社会实践活动中增强参与感、获得感、使命感和责任感。

首先，要加强实践制度制定。实践制度的制定有助于保障高校规范化、系统化开展实践基地建设。高校应当把新时代大学生社会主义核心价值观培育与实训、创新和创业基地协同规划、协同建设，避免基地资源的闲置和浪费，提高实践基地的使用效率，切实提高实践育人效果。此外，还应该对大学生的参与情况进行考评，并将考评成绩纳入综合测评成绩中，与大学生的评奖、评优等挂钩。

其次，要促进实践制度落实。制度的生命力在于执行，实践制度制定后只有落到实处才能发挥作用。确保实践工作不走过场、不流于形式，高校要建立健全实践培育体系，按照社会实践活动的目标要求，督促大学生在参与实践活动后要提交相应的实践报告或调查、调研报告材料，并对材料进行考核，把大学生的社会实践参与情况纳入学生培育管理系统，保障大学生在社会实践活动中有所领悟、有所收获、有所成长。

最后，要推进完善实践制度。推进完善实践制度要充分发挥教师、基地负责人和学生的作用。在每一次实践活动结束后，带队教师和实践基地负责人要给学生反馈，指出实践活动中的缺点和不足。同时，教师、实践基地负责人和学生之间要总结反思，多提合理意见和建设性建议，然后高校根据反馈改进实践制度中的不足，调整完善实践制度。在完善的实践保障机制中，才能有助于形成大学生自觉践行社会主义核心价值观的生动局面。

三、贯通式采用现代新技术挖掘新办法

增强新时代大学生社会主义核心价值观培育，不仅需要运用实践证明行之有效的传统方法，更需要结合新时代、新情况、新问题，借助现代新技术，实现新时代大学生社会主义核心价值观培育的方法创新。当前，中国真正进入了互联网时代和全媒体时代。第47次《中国互联网络发展状况统计报告》显示，"截至2020年12月，我国网民规模达9.89亿，较2020年3月增长8540万，互联网普及率达70.4%，较2020年3月提升5.9个百分点。截至2020年12月，我国手机网民规模达9.86亿，较2020年3月增长8885万，网民使用手机上网的比例达99.7%，较2020年3月提升0.4个百

分点"①。新时代的大学生已经成为网民中的活跃群体，他们喜欢追求新鲜，喜欢潮流的东西，往返于各种应用软件中，"每日必网"在大学生的生活和学习中成为常态，产生"网瘾"的大学生更是不在少数。互联网的高速发展，为新时代大学生社会主义核心价值观培育工作采用新办法提供了重要技术支撑。习近平总书记指出："要运用新媒体新技术使工作活起来，推动思想政治工作传统优势同信息技术高度融合，增强时代感和吸引力。"② 因而，在新时代大学生社会主义核心价值观培育中可以借助互联网，发挥"互联网＋"的优势，挖掘新办法，采用新方式，增强新时代大学生的社会主义核心价值观认同感，进而自觉引导新时代大学生践行和弘扬社会主义核心价值观。

（一）采用"5G＋智慧平台"，为培育赋能

运用"5G＋智慧平台"技术赋能新时代大学生社会主义核心价值观培育，既可以传道授业解惑，也可以通过大数据分析，及时掌握大学生的思想动态。依托现代新技术，积极创建"智能化现代考试系统""智慧课堂""云教材库"等特色项目，通过"5G＋AI""5G＋VR"等技术手段，为新时代大学生社会主义核心价值观赋能。一方面，可以依托"5G＋智慧平台"，结合"四史"学习教育，推进"四史＋校史＋专业史"的特色育人课程和宣讲模式创新，以新颖活泼的方式引导新时代大学生深入学习社会主义核心价值观的理论内涵。另一方面，可以通过"5G＋VR"技术，打造三位一体、多交互式的体验环境，使新时代大学生通过强烈的感官震撼激发情感激荡，进而自觉思索和领悟社会主义核心价值观的价值和意义，推进新时代大学生对社会主义核心价值观的认同感，并在实际生活中践行社会主义核心价值观。

（二）运用新型媒体，为教学添彩

新时代大学生社会主义核心价值观培育过程中，要采用现代新技术，创新利用新型媒体，形成新办法，为培育工作增色添彩。习近平总书记指出："希望广大教师不忘立德树人初心，牢记为党育人、为国育才使命，积极探索新时代教育教学方法，不断提升教书育人本领，为培养德智体美劳全面发

---

① 中国互联网络信息中心. 第 47 次《中国互联网络发展状况统计报告》［R/OL］（2021－02－03）［2021－08－16］http://www.cnnic.net.cn/hlwfzyj/hlwxzbg/hlwtjbg/202102/t20210203 _ 71361.htm.

② 习近平. 习近平谈治国理政：第 2 卷［M］. 北京：外文出版社，2017：378.

展的社会主义建设者和接班人作出新的更大贡献。"① 当前，高校基本上都面临着一个棘手的问题，即课堂"低头族"。当学生忙于手机社交、沉迷手机游戏、阅读网络信息时，课堂教学就不再具有吸引力。针对这样的现象，许多专家学者都在思考如何解决"低头族"带来的问题。我们都清晰地认识到传统教育正面临着一个巨大挑战，互联网对传统的课堂教学产生了巨大的冲击。因此，在网络时代的今天，传统教育必须迈出教学方法创新的一步，将新型媒体运用于教学过程中，不断与时俱进，推陈出新。运用新媒体进行教学可以有以下两种创新方法：一是沉浸式教学法。课堂上的理论教学比较枯燥乏味，学生容易走神发呆，所以在教学中可以丰富教学资料，不止展示文字资料，还可以准备图片、视频等直观、生动的资料。老师在讲授过程中，可以将知识点中所涉及的相关信息进行扩展和补充，运用多媒体为学生播放相关的电影、纪录片等视频材料，使学生身临其境，给学生带来更好的学习体验。这样的教学方法不仅能调动学生的学习兴趣而且能让学生对知识点有更深入的认识和理解。比如，当我们进行党史宣传教育时，学生从文字上不能够想象出当时社会的黑暗，我们就可以通过播放红色电影让学生们直观地感受到历史真相，受到革命烈士精神的感染，从而达到升华理想和信念的效果。二是网络教学法。全国有丰富的教师资源，但是教育资源分布并不均衡，那么如何整合优秀的教师资源这个问题在网络时代迎刃而解。无论身在何处，只要有网络，学生们就可以享受到名师资源，充分发挥了网络方便、快捷的优势。网络教学还可以实现学生和老师的双向互动，激发学生的积极性、主动性，调动学生主动思考、自主学习，提高学生的学习效率和学习效果。在运用新技术教学中，融入对学生的价值引领，可以引导他们的人生追求，增强使命意识和责任担当，获得新时代大学生社会主义核心价值观培育的良好效果。

然而，互联网是把"双刃剑"，在利用现代新技术挖掘新办法培育大学生社会主义核心价值观的过程中，高校在网络阵地建设中要趋利避害、扬长避短，不断增强社会主义核心价值观的引领力、凝聚力和实效性，做到"推动互联网这个'最大变量'释放'最大正能量'"②，为新时代大学生社会主

---

① 习近平. 在教师节到来之际 习近平向全国广大教师和教育工作者致以节日祝贺和诚挚慰问 强调不忘立德树人初心 牢记为党育人为国育才使命 不断作出新的更大贡献 [N]. 人民日报，2020−09−10（01）.

② 中共中央宣传部. 习近平新时代中国特色社会主义思想三十讲 [M]. 北京：学习出版社，2018：220.

义核心价值观培育营造良好的网络环境。具体而言，主要包括以下三方面：

首先，需要筑牢高校网络阵地，增强社会主义核心价值观的引领力。我们要把"立德树人"作为高校网络阵地建设的根本任务，在网络阵地建设过程中，要坚持用正确的政治方向来引领正确的价值取向，进而把握意识形态建设的主动权。一是在筑牢网络阵地的过程中要坚持社会主义的育人方向，以培育德智体美劳全面发展的社会主义建设者和接班人为育人目标。然而，网络泛娱乐化和泛低俗化趋势明显，这严重削弱了社会主义核心价值观的凝聚力，容易让大学生产生非理性的价值认知。因而，必须要旗帜鲜明地坚持社会主义育人方向，牢牢掌握社会主义核心价值观培育的主动权和话语权。二是要搭建传播社会主义核心价值观的网络文化平台。高校需要通过搭建全方位、立体化、多层次的网络文化传播平台，利用好校园的官方网站和网络教学平台，力争形成良好的培育和践行社会主义核心价值观的传播矩阵。当前，各个高校都有微信公众号、微博、抖音等官方账号，高校要利用好这些平台进行大学生社会主义核心价值观培育工作，使这些平台成为大学生社会主义核心价值观培育的优质载体。三要建设培育社会主义核心价值观的网络人才队伍。高校需要一批能熟练掌握和运用并发挥网络最大优势的人才，既包括辅导员、专业课教师、思政课教师，也包括学生社团的负责人、班级支部的负责人等，需要大家共同在新时代大学生社会主义核心价值观培育中掌握价值引领的主动权。

其次，优化高校网络文化供给，增强社会主义核心价值观的凝聚力。习近平总书记强调："坚守我们的价值体系，坚守我们的核心价值观，必须发挥文化的作用。"[①] 为新时代大学生提供有益于身心健康的"网络文化盛宴"，需要我们用好现代技术这个载体，将现有的各种优秀文化资源转化为适合互联网传播的文化精品。高校可以结合自身的特色课程和专业，发挥专业优势，将课程中的优秀文化元素以多种形式呈现，如话剧、小品、朗诵等，并利用互联网将其打造为网络文化的传播精品，使其可供学生共享，增强社会主义核心价值观的吸引力和浸润力。

最后，健全高校网络监管，增强社会主义核心价值观培育实效性。健全网络监管，需要从外部和内部同时发力。从外部的网络规范来看，构建清朗的网络空间是提升新时代大学生社会主义核心价值观培育实效性的外部保障；从内部的网络道德建设来看，提升新时代大学生的网络道德素质是增强

---

① 习近平. 习近平谈治国理政：第1卷［M］. 2版. 北京：外文出版社，2018：106.

社会主义核心价值观培育实效性的内部保障。高校需要加强网络安全监管，建立网络引导机制，提高校园网络舆情应对能力，抓住宣传主流思想和社会主义核心价值观这个重要支点。而大学生自身，要培养"慎独"的网络自律精神，自觉树立网络道德主体意识，遵守网络伦理规范，养成良好的文明上网习惯，做坚定的社会主义核心价值观践行者。

第三节 社会主义核心价值观融入高校思想政治理论课的教育教学模式

坚持和贯穿社会主义核心价值观的立场、主张、方法，全面深化对新时代高校思想政治理论课的科学认识，这对于推动社会主义核心价值观培育内涵式发展不仅具有知识内容上的重大指导作用，而且还有教学模式上的重要启示。要从以下方面继续深化探索。

一、以问题化的协作模式，促进社会主义核心价值观融入高校思想政治理论课

"老师对学生的影响，离不开老师的学识和能力，更离不开老师为人处世、于国于民、于公于私所持的价值观。一个老师如果在是非、曲直、善恶、义利、得失等方面老出问题，怎么能担起立德树人的责任?"[①] 时隔多年，习近平总书记说的这段话历久弥新。习近平总书记告诫教育者，"建构"师生关系，就意味着师生关系不是给定的，而是"生成"的，坚持主导性和主体性相统一，最终实现师生共同发展，这就意味着要真正地建立良好的师生关系是一件很不容易的事情。从这个意义上说，单独的"教"知识和不依赖于"教"的"自学"都构不成"教学"。

以全面贯彻习近平总书记"以青年为本"的工作情怀和"坚持以人民为中心"研究导向的教学课堂，思政课教师的教育行为就应该引起、维持和促进大学生的良好学习行为，将学习任务转化为一种问题意识、精神价值和生活方式，使大学生深刻理解感受社会主义核心价值观融入课堂教学的理论逻

---

① 习近平. 做党和人民满意的好老师——同北京师范大学师生代表座谈时的讲话 [N]. 人民日报，2014—09—10（02）.

辑、课程逻辑和话语体系的密切关联。如习近平总书记关于大学生社会主义核心价值观养成的新论述——关于四个"正确认识"融入思想道德修养与法律基础课程，可以将传统讲解式教学与协作讨论有机融合。

从 1632 年，捷克教育学家康米纽斯发表《大教学论》，开创现代教育制度近 400 年来，讲授法成为全世界主导性的传统教学模式。首先，课堂上教师围绕"学什么""为何学""如何学"，从习近平总书记在思考谋划青年价值观养成过程中，着重运用"历史思维、辩证思维、系统思维、创新思维"等角度，结合大学生个体成长和社会、国家发展等维度，用牢固树立四个"正确认识"的高阶目标驱动大学生发展的内在需求，了解社会主义核心价值观的理论逻辑、目标全貌，激发大学生学习的内生动力。同时，整个讲授环节打破常规，不覆盖细节，不向学生提问，不组织讨论，做到"精讲留白"，留给大学生内化吸收与商讨学习的空间。其次，教学成功的关键所在是学习者进入内化吸收环节。学习者在课后不是囫囵吞枣地把授课内容照单全收，而是在自主学习讲授内容的基础上，归纳提炼观点。一是展示出自己受益最大、最欣赏的内容。这儿不再是快速的记忆新提法、新措施，而是重组认知，将中国情怀与青年价值、时代特色与世界眼光融合起来，展现大学生思想成长过程的课程逻辑。二是用问题的形式挑战别人。聚焦自己有收获的知识点，但是觉得别人可能存在疑难的地方，将有意义的东西落细、落小、落实到行动中，充分展示青年自身价值。三是提出自己不懂、不会的地方或想要了解的内容，求助同学。这里不再是已经到手的知识，而是要看学习者面对知识的判断力，其突出特点就是将学习内容问题化，展示大学生学习的关键能力。最后，"隔堂讨论"环节，不是对事实的记忆，而是组织反馈，分析问题、思考问题。总之，这种以问题协作为特征的教学法，经过"发现问题、筛选问题、研究问题、解决问题"的社会主义核心价值观的理论思维过程，构建和形成了坚持灌输性和启发性相统一的教学模式，促进社会主义核心价值观入脑入心入行。

二、以基于服务的学习模式，积极践行社会主义核心价值观

人类的思想离不开体验、实践和情感因素。阿尔弗雷德·施密特说，任何主观理论都必须以这样一个认识为前提：人是一种有需要、有感性、具有生理特征的存在。通过积极的任务体验与合作学习，大学生将社会主义核心价值观跨学科融合并付诸具体实践，他们的行为更倾向于直接依据道德反思

与道德情感行事，而不会被化简成记忆与遵从规则。情景化的体验把大学生情感与社会要素都纳入学习环境中，旨在积极践行大学生应对生活与学习环境挑战的关键技能。

同样是在福利院的社会实践中，与其费尽心机在形式上增添娱乐化"包装"，不如踏踏实实引导大学生解决儿童福利院的真实需求。关心物质条件而送送东西相对容易，因为送的人可以得到好名声或新闻报道作回报。只有发自肺腑的援助行动才会让需要帮助的人感受到温度。给弱势者多一些有尊严的关心，需要作出充分的前期准备与实证调查。如何关心他们的尊严是一种服务，而研究儿童样本是一种学习。大学生综合运用社会学、心理学、教育学、法学等学科内容，调研分析儿童样本，用于开展社区福利院的案例研究，找出对儿童在社会认同各维度有显著影响的各因素，加强现场干预活动的规范性和针对性，持续关注儿童的社会认同感等问题。通过"跟踪性教育支持"，将其制度化和常态化，并帮助政府有关部门改善民生工作，就是一种服务学习，促使思想政治理论课教育教学更加关注践行社会主义核心价值观大学生的素质、行为、责任和角色。

三、以"教学即研究"模式，继承与发展社会主义核心价值观

习近平总书记常常鼓励广大大学生"要在深入钻研学问、主动攻克难题中多出创新成果"①。对于社会主义核心价值观的继承和发展，高校教师可以从"先辈们伟大而艰辛岁月"的历史责任呈现出青年使命"原动力"的广度、"改革开放 40 年来对中国发展作出过重大贡献的人"的担当体现出青年理想信念"总开关"的高度、"千禧一代"展现青年价值养成"定盘星"的深度等一系列接地气的案例中，去感受青年成长成才的新的行动指南，提出回应时代的思考问题。如在新的时代格局中，中国可能占据一个什么样的地位？当代中国青年在这个格局变化中可能获得什么机遇？可以有何作为？这样的教学案例为社会主义核心价值观渗透大学生生活提供了认知与行动的通道。

同时，更为重要的是从"教学即研究"的教育教学模式中，围绕一个个

---

① 习近平. 在知识分子、劳动模范、青年代表座谈会上的讲话［N］. 人民日报，2016－04－30（02）.

问题来选读经典，以原汁原味的经典原著解读和教材专题为中心。讨论课上，教师理清经典文本基本线索和方法的思维导图，把学生看成是教师事业的同道者与合作者，融教学跟研究为一体，教师教学的结果即是研究。学习材料"内容为王"，可节选马克思的《青年在选择职业时的考虑》、列宁的《青年团的任务》、毛泽东的《为人民服务》以及《习近平谈治国理政》等。因而，思维训练以经典为中心，建立起新时代青年思想的鉴赏力和判断力，养成科学的思维习惯，为大学生人生理想和价值引导提供高配置的情感支撑。这就意味着，把习近平总书记希望大学生"努力做到又博又专，愈博愈专。特别是要克服浮躁之气，静下来多读经典，多知其所以然"① 为主导的教育方法和教学艺术，即以透彻的学理分析回应学生，以彻底的思想理论说服学生，不断坚定运用社会主义核心价值观理论成果释疑解惑的教育初心，转化为大学生认识世界、改造世界的强大物质力量，使其学以致用，服务新时代中国特色社会主义重大问题。这样的高校思想政治理论课才能贴近大学生成长成才发展中的理论需要和学习期待，并充分体现社会主义核心价值观的青年立场、理想智慧、中国价值的教育教学理念、观点和方案。

---

① 中共中央文献研究室. 习近平关于青少年和共青团工作论述摘编［M］. 北京：中央文献出版社，2017：56.

第五章　新时代大学生社会主义核心价值观培育的长效机制

加强新时代大学生社会主义核心价值观培育是一项长期而紧迫、艰巨而复杂的任务，要适应新时代新要求，坚持目标导向和问题导向相统一，进一步加大工作力度，把握规律、积极创新，推动新时代大学生社会主义核心价值观培育达到一个新高度。《新时代公民道德建设实施纲要》指出："在全社会大力弘扬社会主义核心价值观，积极倡导富强民主文明和谐、自由平等公正法治、爱国敬业诚信友善，全面推进社会公德、职业道德、家庭美德、个人品德建设，持续强化教育引导、实践养成、制度保障，不断提升公民道德素质，促进人的全面发展，培养和造就担当民族复兴大任的时代新人。"[①]在教育引导、实践养成和制度保障中，实践养成是新时代大学生社会主义核心价值观培育的重要方式和关键环节，而在实现将"社会主义核心价值观从价值观念的认同到行为习惯的落实，从理论上的培育教化到言行中的自觉践行，从国家倡导的顶层设计到深入人心的实践追求"[②] 的实践养成中离不开由激励机制、支撑机制、反馈机制构建的长效机制。

第一节　新时代大学生社会主义核心价值观培育的激励机制

在新时代大学生社会主义核心价值观培育过程中，既然有约束监督机制，那么科学的激励机制也是必不可少的。因此，本节主要探讨如何通过建

---

①　新时代公民道德建设实施纲要 ［M］. 北京：人民出版社，2019：4.
②　王娜，金昕. 社会主义核心价值观实践养成的内在逻辑与关键点位 ［J］. 思想教育研究，2021（04）：60.

立"实现利益诉求、形成正向闭环"的激励机制、将新时代大学生社会主义核心价值观纳入高校党建工作责任制、形成完善正确价值导向的组织领导制，进而将新时代大学生社会主义核心价值观培育工作落实落细落小。

一、建立"实现利益诉求、形成正向闭环"的激励机制

激励是通过对人的需要、动机、行为等的影响，引导、维持或改变人们的行为，以利于组织目标实现的活动。"实现利益诉求、形成正向闭环"的激励机制是一个完整的行动链条，具体包括以下五个要件：一是激励主体，即施加激励的组织或个人；二是激励客体，即激励对象；三是激励目标，即激励主体期望激励客体所实现的结果；四是激励因素，即能导致激励客体采取行动的方式；五是激励环境，即在激励过程中形成正向闭环的整体环境。马克思指出，"就单个人来说，他的行动的一切动力，都一定要通过他的头脑，一定要转变为他的意志的动机，才能使他行动起来"①。因此，在新时代大学生社会主义核心价值观培育中要建立"实现利益诉求、形成正向闭环"的激励机制，促使激励对象将愿望和动机转化为行动，将社会主义核心价值观内化为自身的价值观，进而在实践中锤炼和养成社会主义核心价值观。

实施科学的表彰制度是建立"实现利益诉求，形成正向闭环"的激励机制的重要组成部分。为了保障大学生社会主义核心价值观构建过程中的表彰制度的科学落实，在实施的过程中应遵守几个原则。

一是表彰制度的科学性。这里指的科学，包括方向的正确性、体系的科学性和内容的完善性。社会主义核心价值体系是大学生核心价值观构建过程中表彰制度实施的方向，这是科学实施的前提。科学的体系即指表彰制度能够从根本上起到正确引领的作用，要符合社会主义核心价值体系的内在逻辑。完善的内容是指要全面、翔实、可操作地制定表彰制度。

二是被表彰主体的全面性。一些人片面地认为，被表彰的主体应为大学生，这是对大学生核心价值观构建的不全面认识。如果有这种认识，那么就会影响到相当一部分大学生核心价值观构建过程中的参与者的热情和投入。在具体的实施过程中，被表彰的主体应包括教育者，即大学生核心价值观构

① 中共中央马克思恩格斯列宁斯大林著作编译局. 马克思恩格斯选集：第 4 卷［M］. 北京：人民出版社，1995：251.

建过程中的施教者，比如辅导员；受教育者，即大学生；教育环境，也可以被表彰，并且可以考核小环境，比如班级、团支部等；教育的内容是施教和构建社会主义核心价值观过程中的基本依据，既包括固有的教材、教学大纲，也包括创新的教育内容，如意识、精神的培养。

三是表彰制度要注重可行性并落到实处。有些人虽然认同社会主义核心价值体系的内容，但是对如何实施并不清楚。因此表彰制度就是在社会主义核心价值体系的内容和实施中间架构起的一座桥梁，这个桥梁不仅可以帮助大学生知晓如何构建核心价值观，而且可以引导大学生的行为和判断。表彰制度的制定要避免纸上谈兵，要与大学生的学习和生活紧密相关，成为学生的价值准则和行为规范。表彰制度的科学实施应该注意要因时因地制宜，也要注重在实践中不断反思和总结，不断修正和完善表彰制度，使其逐渐科学化、常规化。

二、纳入高校党建工作责任制

习近平总书记多次指出："党的政治建设是党的根本性建设，决定着党的建设方向和效果。"[①] 我国高校是党领导下的高校，必须以党的政治建设为统领，坚持正确办学方向，培养爱国爱党爱社会主义的有用之人。同时，习近平总书记强调："办好我国高等教育，必须坚持党的领导，牢牢掌握党对高校工作的领导权，使高校成为坚持党的领导的坚强阵地。"[②] 党建工作是高校管理工作的重要组成部分，把新时代大学生社会主义核心价值观培育工作纳入高校党建工作责任制，是促进大学生以实现中华民族伟大复兴为己任，不辜负党的期望、人民期待、民族重托，不辜负伟大时代的重要保障。为顺利实现将新时代大学生社会主义核心价值观培育纳入高校党建工作责任制，在高校的日常管理工作中，要把社会主义核心价值观融入组织领导队伍建设全过程、融入校园文化建设全过程、融入实践教学全过程。

（一）把社会主义核心价值观融入组织领导队伍建设全过程

社会主义核心价值观的实践需要从培育着手，其中大学生社会主义核心价值观培育尤为重要，加强社会主义核心价值观的培育也是对高校思想政治

---

① 习近平. 在全国组织工作会议上的讲话 [M]. 北京：人民出版社，2018：4.
② 习近平. 习近平谈治国理政：第 2 卷 [M]. 北京：外文出版社，2017：379.

教育内涵的丰富发展，已经成为高校思想政治教育的重要内容。大学生社会主义核心价值观培育不仅仅是理论教学，更多侧重点在于将核心价值观融入大学生的自身道德修养，实现社会主义核心价值观内化于心、外化于行。在培育过程中应当遵循教学规律，根据大学生自身特点制定培育方法，要鼓励大学生积极投身实践，把理论化为行动。同时，要注意培育和践行的长效性，不能图一时效果，忽略长期发展。

高校承担着为党育才为国育人的重要任务，是培育新时代大学生社会主义核心价值观的主阵地。而高校教师作为理论的研究者和培育的实践者，在社会主义核心价值观的培育过程中发挥着重要作用。教师是立教之本、兴教之源，教师队伍建设一直是国家工作的重点。胡锦涛同志指出要"加强教师队伍建设，提高师德水平和业务能力，增强教师教书育人的荣誉感和责任感"①。在新时代，习近平总书记对教师提出了新的要求，强调："广大教师要做学生锤炼品格的引路人，做学生学习知识的引路人，做学生创新思维的引路人，做学生奉献祖国的引路人。"② 这为新时代教师的定位和作用指明了方向。第一，要提高师德水平，做好学生锤炼品格的引路人，这是对于一名教师履行好教书育人职责的基本要求。第二，业务能力和师德水平要并重，要把师德和教书育人的实践结合起来，做好学生学习知识的引路人。第三，在工作中要敢于创新，做好学生创新思维的引路人。第四，要增强作为教师的荣誉感和责任感，鼓励教师全身心地投入于教育事业之中，做好学生奉献祖国的引路人。要落实以上四个要求，加大教师队伍建设力度，建设积极向上、充满活力的教师队伍，着力激发高校教师投身于中国特色社会主义教育事业，提升在实际行动中践行社会主义核心价值观的主动性、积极性和创造性。

所以，高校教师队伍建设的改革创新需要同社会主义核心价值观相结合，提高教师师德师风师艺，加强高校教师队伍建设，建立健全各项体制机制，推动教师队伍各项工作实现改革创新。更为重要的是，要通过将社会主义核心价值观各层面要求融入教师队伍建设，来提升教师水平，同时要通过开展形式多样、内容丰富的教师技能大赛，建立完善的培育体系与竞争机制来激励教师进步，打造出一支优秀的教师队伍。

---

① 胡锦涛. 胡锦涛文选：第3卷［M］. 北京：人民出版社，2016：641.
② 中共中央文献研究室. 习近平关于社会主义社会建设论述摘编［M］. 北京：中央文献出版社，2017：57.

　　高校的组织领导队伍不仅仅包括教师，还有高校的领导班子，他们在高校的日常管理、政策制定与实施的过程中发挥着非常重要的作用。因此，领导班子对于办好一所学校非常重要。领导班子是学校的领导核心，他们的办学理念、思想观念、工作作风等，直接影响着校风的建设，决定着学校的社会主义核心价值观。因此，加强学校领导班子建设，提高班子成员的整体素质，在学校中践行社会主义核心价值观，对于促进学校健康、和谐、快速发展至关重要。

　　第一，要做好带头作用，处处带头、以身作则、率先垂范，这是学校领导取信于民的基础。在工作中应努力做到三个带头：一要带头学习，做学习型的领导。会不会学习、重视不重视学习、善不善于学习，对于一名领导的成长至关重要。要带头学习社会主义核心价值观，也要推动学校成员对社会主义核心价值观的学习。作为学校的领导，尤其是一把手，不仅要带头学习先进的教育思想和教育理念，也要学习先进的政治思想，能够站在教育发展的前沿来指导学校的教育教学工作，不断提高自身的业务能力和管理水平，并能带领班子其他成员自觉学习，努力创建学习型的领导班子。二要带头研究教育教学工作。教育教学是学校的中心工作，抓好课堂教学是提高教育教学质量的根本。班子成员要带头深入教学一线，指导学校的教育教学工作，在实践中发现问题、研究问题、解决问题，在落实中求发展、求提高、求创新。三要带头遵守学校规章制度。没有规矩，不成方圆。对于学校的各项规章制度，凡要求教师做到的，中层首先要做到；凡要求中层做到的，班子成员首先要做到。只有班子带头执行了这些制度，才能使这些制度在实际工作中更好地加以落实。

　　第二，要做到勤奋，勤奋是干好工作的保障。每一位领导应腿勤、眼勤、脑勤、嘴勤，做到勤于工作、勤于反思。腿勤，就是该到的地方必须到。眼勤，即要勤于观察，善于发现日常工作中的变化和问题，并采取相应的措施及时解决，以确保学校教育教学工作有序有效进行。脑勤，就是要勤于动脑，要用科学的、发展的思想与言行引领学校各项工作，要正确把握和认真贯彻上级的要求，对学校的近期工作目标、远期工作目标及学校的发展，要做到心中有数、思路清晰、未雨绸缪。嘴勤，就是要求该说的要说、该管的一定要管，不怕得罪人；要做到敢于评价、善于评价，并能做出科学评价。只有做到腿勤、眼勤、脑勤、嘴勤，才能更好地完成新时代大学生社会主义核心价值观培育工作。

　　第三，为人和做事要求实、务实、扎实，这是一名领导必须具备的素质。这方面一要做到为人实实在在，不虚情假意。上下级之间、同事之间坦诚相待，互相尊重。考虑问题要顾全大局，不能只站在一个角度看问题，办事情、干工作不能掺杂个人的利益因素，向上级反映工作问题时，不能只讲表象，而要深层剖析原因，提出合理化建议和解决问题的方案。二要扎扎实实，不搞形式，不走过场。学校的教育教学工作和其他的重大活动，无论从设计、组织和安排上，都要从学生实际出发，从教师实际出发，从学校实际出发，讲究针对性，追求实效性。三要抓工作落实，有布置、有检查、有反馈、有指导、有总结。

第四，要做到团结，团结是做好一切工作的前提。习近平总书记指出："懂团结是真聪明，会团结是真本领。团结出凝聚力，出战斗力，出新的生产力，也出干部。"① 可见，学校领导班子的团结是做好新时代大学生社会主义核心价值观培育的前提，实践当中必须得到认真对待和妥善处理。把社会主义核心价值观融入高校的组织领导队伍建设全过程，使领导班子心往一处想，劲往一处使，发挥领导班子合力，为社会主义核心价值观培育工作筑牢根基。一个组织的领导队伍的团结搞好了，就会为这个组织的团结打下坚实的基础。因此，如果高校领导层的团结搞好了，就可以为全体师生创造一个团结向上的氛围，这有利于增进师生间的感情，让大学生的社会主义核心价值观培育工作有序、高效推进。

第五，要做到廉洁，廉洁是树立教育系统良好形象的基础。习近平总书记指出："一个人廉洁自律不过关，做人就没有骨气。要牢记清廉是福、贪欲是祸的道理，树立正确的权力观、地位观、利益观，任何时候都要稳得住心神、管得住行为、守得住清白。"② 将社会主义核心价值观融入高校的组织领导队伍建设全过程，让领导队伍守住自律关口，清正廉洁作表率，进而形成良好的校风和学风。同时，还要做到廉洁从教，自觉遵守各项规章制度。

总的来说，就是要将社会主义核心价值观融入高校的组织领导队伍建设全过程，使广大教育工作者，特别是学校的领导，用心用情用力做好新时代大学生社会主义核心价值观培育工作。

（二）把社会主义核心价值观融入校园文化建设全过程

社会主义核心价值观凝结着全体人民共同的价值追求，是中华民族伟大

---

① 习近平. 之江新语［M］. 杭州：浙江人民出版社，2007：21.
② 习近平. 习近平谈治国理政：第 3 卷［M］. 北京：外文出版社，2020：521.

复兴的强大精神动力。当前高校要想提高办学水平和综合实力，加强校园文化建设是必不可少的重点工作。而广义上文化的重要组成部分包含价值观，因此在高校中培育和践行社会主义核心价值观，离不开校园文化建设。反之，建设好中国特色社会主义高校的校园文化，离不开社会主义核心价值观的指导引领作用。

第一，社会主义核心价值观对校园文化建设起着理论指导作用。社会主义核心价值观是我们应对西方错误价值观冲击的强大理论武器。曾经一些人认为自由、民主、平等这些概念是资本主义专用，认为它们是资本主义的价值观，我们不可以运用，其实这是一种完全错误的认识。党的十八大提出的社会主义核心价值体系蕴含着爱国情怀、社会良知、爱岗敬业等社会公共精神和个人内心修养。高校校园文化建设要以理想信念为核心，坚持以社会主义核心价值体系为根本，牢牢把握和谐校园建设的正确方向。要以马克思主义中国化最新成果武装头脑，以爱国主义为核心的民族精神和以改革创新为核心的时代精神培养学生的爱国情怀和创新意识，以中国特色社会主义共同理想来培养学生宽阔的胸怀和刻苦学习的坚强意志。要把社会主义核心价值观落实到学生日常生活的点点滴滴之中，促进学生形成正确的荣辱观和健全的道德人格。

第二，社会主义核心价值观指引校园文化建设的方向。校园文化是社会主义精神文明建设的重要内容，是培养大学生成长成才的有效载体，是对学生进行思想政治教育的有力手段。这表明，校园文化是有一定的要求的，要以爱国为基点，坚持社会主义性质的主流文化。因此要以德育为核心，用社会主义、爱国主义和集体主义的主流文化，教育引导新时代大学生坚定中国特色社会主义文化自信，始终坚持以科学的理论武装人，以正确的舆论引导人，以高尚的精神塑造人，以优秀的作品鼓舞人，不断培养学生坚定的政治立场和明辨是非的能力。校园文化必须明确思想政治育人这一根本任务，注重文化活动的政治性和思想性，坚持显性教育和隐性教育相统一，搞好校园文化建设。

高校应突出校园文化建设的位置，坚持让社会主义核心价值观引领高校校园文化建设，大力挖掘校园文化中所蕴含的社会主义核心价值观相关内容，实现社会主义核心价值观与高校校园文化传统与氛围的有机结合，从而将社会主义核心价值观融入高校的精神、物质、制度、行为等文化建设的各个层面，为老师和学生学习掌握社会主义核心价值观相关知识营造良好文化氛围，为以社会主义核心价值观引领和规范师生的思想与行为创造相应条件，使社会主义核心价值观得以实践。通过校园内的各种宣传载体和文化设施等物质形态，宣传社会主义核心价值观的时代意义，诠释社会主义核心价值观的深刻内涵，帮助教育者准确理解和全面把握社会主义核心价值观的实践方法以及立德树人的基本要求和实现途径，既做到旗帜鲜明又要润物无声。将社会主义核心价值观融入校园文化建设全过程时，要充分发挥每个个体的积极性和主动性，教师要通过发挥主导作用，提高社会主义核心价值观融入校园文化建设全过程的实效性和影响力。

（三）把社会主义核心价值观融入实践教学全过程

当前，实践教学成为高等教育改革创新的重要组成部分，社会实践是师生了解社会的重要途径，同时还能增长才干、磨炼意志、养成道德。为此，高校应将培育和践行社会主义核心价值观融入高校实践教学全过程，通过社会实践提高教师对社会的理解，提升教师对教书育人的理解。因此，师生都应结合自身专业特色，积极融入社会之中，提高对于社会主义核心价值观的认知水平。同时，在教育过程中，要联系实际，拓展有效途径，坚持由易到难、由近及远，把培育和践行社会主义核心价值观融入教育教学全过程，落实到教育教学和管理服务各环节。

第一，教育引导广大学生要勤学，下得苦功夫，求得真学问。要促进学生勤于学习、敏于求知，注重把所学知识内化于心，形成自己的见解，学会担当社会责任。习近平总书记强调："青年处于人生积累阶段，需要像海绵吸水一样汲取知识。广大青年抓学习，既要惜时如金、孜孜不倦，下一番心无旁骛、静谧自怡的功夫，又要突出主干、择其精要，努力做到又博又专、愈博愈专。"[①] 新时代大学生要下得苦功夫、真功夫、细功夫，做到自觉学习、主动学习、终身学习。实践教学中要充分发挥课堂教学主渠道作用，把学生德智体美劳全面发展的总体要求和社会主义核心价值观有关内容细化为学生发展核心素养和学业质量标准，融入各学科课程标准、教材编写、考试评价之中，推动社会主义核心价值观进教材、进课堂、进学生头脑。分学段有序推进中华优秀传统文化教育，增强学生文化自信和价值观自信。推进教学方法改革创新，如组织开展"我们的价值观我们的中国梦——精彩课堂"网上展播活动，推广社会主义核心价值观教育教学的好经验好做法。

第二，教育引导广大学生要修德，加强道德修养，注重道德实践。要抓

---

① 习近平. 在中国政法大学考察时的讲话［N］. 人民日报，2017-05-04（01）.

好理想信念教育这个核心任务，采取理论学习、主题宣讲、校园文化节和网络文化活动等多种形式，引导学生立志报效祖国、服务人民。修德，就是一个自我雕琢的过程。人无德不立，国无德不兴。习近平总书记指出："广大青年人人都是一块玉，要时常用真善美来雕琢自己，不断培养高洁的操行和纯朴的情感，努力使自己成为高尚的人。"①教育引导新时代大学生在实践中锤炼品格，要把我们所提倡的与学生的学习生活联系起来，形成爱学习、爱劳动、爱祖国活动的有效形式和长效机制，不断深化节粮、节水、节电活动，广泛开展学雷锋、学习道德模范等道德实践活动，组织参与"全国大学生道德实践成果网络巡礼"活动、"礼敬中华优秀传统文化"系列活动，引导学生从做好小事、管好细节开始。组织学习"共和国勋章"获得者、《感动中国》年度人物的先进事迹，汲取榜样力量，砥砺高尚品格。同时，大力开展诚信教育，将学生诚信表现纳入学校教育质量综合评价体系，记入学生成长记录中。

第三，教育引导广大学生要善于明辨是非，善于决断选择。要教育学生学会思考、善于分析、正确抉择，做到稳重自持、从容自信、坚定自励。明辨的前提是要掌握科学正确的方法，而青年时期是培养和训练科学思维方法和思维能力的关键时期。要切实用好已出版的马克思主义理论研究和建设工程规划教材，并做好工程规划教材编写工作，加强对新时代大学生所关注的热点问题的理论引导，帮助他们提高观察事物、辨别是非、把握方向的本领。广泛开展形势政策宣传教育活动，组织邀请领导干部和模范人物到高校作报告。进一步加强高校辅导员队伍建设，充分发挥辅导员队伍在引导学生明辨是非中的重要作用，使大学生"保持对新事物的敏锐，学会用正确的立场观点方法分析问题，善于把握历史和时代的发展方向，善于把握社会生活的主流和支流、现象和本质"②，进而成为一个明辨是非的新时代大学生。

第四，教育引导广大学生要笃实，扎扎实实干事，踏踏实实做人。习近平总书记在纪念五四运动100周年大会上强调指出："在实现中华民族伟大复兴的新征程上，必然会有艰巨繁重的任务，必然会有艰难险阻甚至惊涛骇浪，特别需要我们发扬艰苦奋斗精神。奋斗不只是响亮的口号，而是要在做好每一件小事、完成每一项任务、履行每一项职责中见精神。奋斗的道

---

① 习近平. 在中国政法大学考察时的讲话［N］. 人民日报，2017-05-04（01）.
② 中共中央文献研究室. 习近平关于青少年和共青团工作论述摘编［M］. 北京：中央文献出版社，2017：56.

路不会一帆风顺，往往荆棘丛生、充满坎坷。强者，总是从挫折中不断奋起、永不气馁。"① 当距离实现中华民族伟大复兴的中国梦越来越近时，广大青年更不能懈怠，越是要干事创业，为美好生活留下更多精彩的回忆。其后，在我国历史上第一个青年发展规划中，这些思想被凝练为"2020 年""2025 年"的总体目标，进一步明确了"脚踏实地、一步一个脚印干"的务实作风。具体指的是要引导学生把艰苦环境作为磨炼自己的机遇，把小事当作大事干，一步一个脚印往前走。新时代的大学生有自己的际遇，要学会在刻苦磨砺中脚踏实地走好人生每一步。习近平总书记指出："青年在成长和奋斗中，会收获成功和喜悦，也会面临困难和压力。要正确对待一时的成败得失，处优而不养尊，受挫而不短志，使顺境逆境都成为人生的财富而不是人生的包袱。"② 教育引导新时代大学生脚踏实地，书写人生奋斗华章，才能为中华民族伟大复兴筑基。首先，需要实施"实践育人共同体建设计划"，建立一批青少年社会主义核心价值观实践基地，推动学校阵地与社会基地、校内课程与校外实践、校内教师与校外导师之间的衔接互动。其次，要完善各级各类学校学生守则，把核心价值观的要求变成学生日常的行为准则。最后，要组织实施好"农村教师特岗计划""西部计划""三支一扶计划""到村任职"等基层项目，积极引导和鼓励毕业生到基层和中西部就业创业，为当地经济社会发展、民族团结进步作出贡献。

三、完善正确价值导向的组织领导制

在大学里，一群好学、求知欲强、富有同情心而又善于洞察的青年人聚到一起，他们通过互相探讨与学习，了解前沿的思想和看法，见识新鲜事物并且学会独立的行为判断力，但是必须使他们对优秀道德传统有追求，丰富学识，厚植爱国主义情怀，具备对是非的判断能力，拥有生活品位。因此，新时代大学生社会主义核心价值观的培育与践行工作关系到时代新人的培养，关系到中国特色社会主义伟大事业的接续发展，具有深远历史意义和现实意义。新时代弘扬和践行大学生的社会主义核心价值观，要结合价值观培育规律和大学生特点，探讨大学生社会主义核心价值观培育的有效路径，形成新时代大学生社会主义核心价值观培育的具体路径体系，尤其要从新时代

---

① 习近平. 在纪念五四运动 100 周年大会上的讲话 [N]. 人民日报，2019−05−01（02）.

② 习近平. 在中国政法大学考察时的讲话 [N]. 人民日报，2017−05−04（01）.

大学生社会主义核心价值观培育的组织领导方面着手形成有效的机制。

（一）正确价值导向的组织领导制要求

新时代大学生肩负着实现中国梦的伟大使命，承担着把人类引向美好明天的重大责任，其社会主义核心价值观培育刻不容缓。从大学生视角认知社会主义核心价值观培育中存在的问题及原因，从大学生自身视角提出社会主义核心价值观培育的有效路径，希望对即将成为社会中流砥柱的青年大学生社会主义核心价值观的养成有所裨益，希望新时代大学生能够实现对社会主义核心价值观的认知自觉、认同自信、践行自强。正确价值导向的组织领导制在工作职能、专业化程度、理论政策水平以及责任意识方面有如下具体要求。

第一，思想政治教育是指社会或社会群体用一定的思想观念、政治观念、道德规范，对其成员施加有目的、有计划、有组织的影响，使他们形成符合一定社会或一定阶级所需要的思想品德的社会实践活动。思想政治教育对整个国家、社会的正常运转与发展提供了思想保证与精神引导，是进行社会管理的重要方式。马克思主义指出，人类一切活动的最终目的都是为了人自身的发展，思想政治教育也不例外。思想政治教育是从人的发展的需要出发，满足人的政治化需要，实现对人的精神引导。思想政治教育在不知不觉中塑造着参加社会生活的人们。思想政治教育能够在人的政治社会化的过程中引导人们正确地认识自身、理解生活、理解人生，最终达到提升人性、促进人的全面发展的目的。大学生是宝贵的人才资源，是民族的希望、祖国的未来，是实现中华民族伟大复兴中国梦的希望所在。加强和改进大学生思想政治教育，是推动党和国家事业发展的必然要求，是大学生成长成才的内在要求。大学生最富有生机、最富有活力，是代表着国家未来和民族希望的社会群体之一，大学生思想道德素质的明显提高，在全民族思想道德素质中具有示范作用、辐射作用、推动作用，是全民族整体素质高低的重要基础。他们的思想道德状况如何，关系到社会主义现代化建设能否成功，关系到能否实现中华民族的伟大复兴。中国特色社会主义的发展进程表明，中国的希望在改革，改革的希望在创新，创新的希望在青年。习近平总书记强调："中国的未来属于青年，中华民族的未来也属于青年。"[①] 由此可见，青年重任

---

① 中共中央文献研究室. 习近平关于青少年和共青团工作论述摘编［M］. 北京：中央文献出版社，2017：9.

在肩。培养新时代大学生的社会主义核心价值观，作为组织领导者的一项非常重要的工作就是要重视对大学生的思想政治教育工作。

第二，对于大学生的组织领导，不仅要从思想上进行教育，也要管理日常的行为。首先，组织管理者应该规范大学生的学习生活。学习是大学生的主要职责，大学生不仅仅要学习知识，更应该积极掌握知识背后的科学道理。教师在教授学生专业知识的同时，要提醒学生密切关注专业的发展动态，提前去了解社会，尽快进入属于自己的角色中。其次，帮助大学生确立学习目标，规划大学生活。在刚刚进入大学时，由于学习环境相对宽松，有些大学生的学习意志低迷，在学习上没有奋进的想法，整天无所事事，精神上出现了空虚消沉的情况。针对这种情况，组织管理者应该从大学生入校时就抓起，组织新生与高年级优秀学生进行有效的学习交流，让新生能够以优秀的学生为榜样，增强学习的动力，明白在大学中怎样安排时间、怎样做到有效学习等。最后，为学生安排丰富多彩的课外活动来愉悦身心。丰富多彩的课外活动是实施素质教育的关键方法，这样可以在有趣的活动中加强校园文化建设并且可以提高学生综合能力。组织管理者应该提高学生的实践能力并促进学生提高适应社会的能力，这些课外活动对学生成才或者日后面临的就业都将起到非常重要的作用，在潜移默化中让大学生形成正确的价值观。

第三，新时代大学生的心理发展具有不稳定性和可塑性，这使得青年非常容易受到外界各种因素的影响。他们的吸收能力比较强，而辨别能力相对较弱，这就使他们容易受到社会的消极影响，从而形成消极心理。因此，青年期这变化最激烈、最不平静的阶段对于人的一生具有关键的意义。这个时期又被称为延缓偿付期，是个体自我同一性形成的关键时期，这一时期的青少年处于自我同一性的过渡时期，在较短的时间内可能难以获得自我同一性。如何驾驭青年期的这些特点，通过心理健康教育使其朝着积极健康的方向发展，成为民族复兴所需要的人才，是十分重要的。社会主义核心价值观必须以健康的心理素质为基础，所以要对新时代大学生进行心理健康教育，促进社会主义核心价值观的形成。而心理健康可以促进大学生增强独立性。大学生经过十多年的努力学习，通过了激烈的竞争，进入了大学这样一个全新的学习天地。大学生必须克服以前依赖父母的心理，转向依靠自己。高校心理健康工作关乎学生健康、生命，关乎学生背后各个家庭的幸福和社会稳定。因此，高校必须关注新时代大学生的心理健康状况，增强其独立性，以促进新时代大学生更好地适应大学生活。同时，心理健康是大学生取得事业成功的坚实心理基础。青年期是一个人成长的关键期，组织管理者要重视心理健康对于青年大学生成长的重要性，重视心理健康教育，打出心理育人的"精准牌"，为培育青年大学生社会主义核心价值观奠定坚实的心理基础。

第四，组织管理者要起到践行社会主义核心价值观的模范带头作用，做共产主义远大理想和中国特色社会主义共同理想的坚定支持者、社会和谐的积极促进者。组织管理者要深刻领会和把握社会主义核心价值观，首要的就是要努力提高自身素质。通过系统的学习，真正掌握社会主义核心价值观的内涵，正确运用马克思主义理论、现代科学技术知识及专业知识，以其扎实的基础和良好的心态增强思想政治教育的感染力和说服力，不断提高思想政治教育工作的水平。除了在思想上要做到专业化，还要在道德水平上起到示范作用。组织管理者容易成为大学生学习的榜样和模仿的对象，对学生的行为具有表率作用。其道德修养直接关系党的整体形象，影响着大学生的道德选择。因此，组织管理者要以身作则、率先垂范，让自己的模范言行在潜移默化中引导大学生广泛形成讲道德的良好风尚，推进社会整体道德水平提高。

以改革创新为核心的时代精神，是我国社会主义核心价值体系的一项基本内容，更是社会主义核心价值体系的精髓所在。时代精神只有在具有挑战性和创造性的社会实践活动中才能体现与时俱进的理论品格和富于进取的思想品格。特别是在创新实践能力的培养上，组织管理者的工作还有很大提升空间，是大有可为的。然而，我国发展不平衡不充分问题仍然突出，创新能力不适应高质量发展要求，大学教育者要从时代课题里寻找理论创新的驱动力。爱因斯坦说过，提出一个问题往往比解决一个问题更重要。在社会主义核心价值观培育中，注重培养大学生创新意识和创新能力，要有创造性思辨的能力、严格求证的方法，不迷信学术权威，不盲从既有学说，敢于大胆质疑，认真实证，不断试验。大学要尊重人才成长规律和学术活动自身规律，坚决破除"唯论文、唯职称、唯学历、唯奖项"的不良导向。

第五，当今时代，知识更新周期大大缩短，各种新知识、新情况、新事物层出不穷。有人研究过，18 世纪以前，知识更新速度为 90 年左右翻一番；20 世纪 90 年代以来，知识更新加速到 3 至 5 年翻一番。近 50 年来，人类社会创造的知识比过去 3000 年的总和还要多。还有人说，在农耕时代，一个人读几年书，就可以用一辈子；在工业经济时代，一个人读十几年书，才够用一辈子；到了知识经济时代，一个人必须学习一辈子，才能跟上时代前进的脚步。如果我们不努力提高各方面的知识素养，不自觉学习各种科学文化知识，不主动加快知识更新、优化知识结构、拓宽眼界和视野，那就难以增强本领，因此提高组织领导者的理论政策水平具有重大的现实意义。马克思曾说"理论只要说服人［ad hominem］，就能掌握群众；而理论只要彻底，就能说服人［ad hominem］。所谓彻底，就是抓住事物的根本"①。要抓住社会主义核心价值观的根本，离不开组织领导者较高的理论政策水平。首先，这是落实社会主义核心价值观的应有之义。组织领导者只有不断提高理论政策水平，才能准确地把握社会主义核心价值观的内在要求，才能提出有针对性的具体政策措施，才能真正把社会主义核心价值观的建设落到实处。其次，这是建设高素质组织领导队伍的现实需要。组织领导者要担当起对青年大学生的领导示范的责任，必须把学习党和国家的方针政策作为一项严肃的政治任务。要弘扬理论联系实际学风，紧密联系思想和工作实际，把研究解决问题作为学习的着眼点，决不能坐而论道、凌空蹈虚。

首先，要有学习意识，准确把握政策，及时跟进学。党中央作出新的决策部署、出台新的文件，都要第一时间学习领会，养成读《人民日报》时政报道和重要评论、看中央电视台新闻联播、读《求是》杂志的习惯，线上线下同步学习，做到学习跟进、认识跟进、行动跟进。组织管理者要把学习理论作为一项严肃的政治任务和历史使命，认真学习中国特色社会主义理论体系，学习社会主义核心价值体系，学习党的十九大精神，学习党的十九届四中全会精神和十九届五中全会精神，深刻领会贯穿其中的马克思主义立场、观点、方法，深刻认识和准确把握共产党执政规律、社会主义建设规律、人类社会发展规律，着力推动党的创新理论教育，增强大学生对党的创新理论的政治认同、思想认同、情感认同，坚定"四个自信"，从根本上提高思想政治觉悟，提高理论政策水平。这样在实际工作中才能做到统筹兼顾，要笃信笃行，要学而信，从渐悟走向顿悟，掌握马克思主义立场、观点、方法，学出坚定信仰、学出使命担当。要学而行、学以致用、身体力行，把学习成果落实到本职工作，推动事业发展，从而发挥政策在改革发展稳定期中的最大效用。

其次，要有纪律意识，坚决执行政策。没有规矩，不成方圆。作为组织领导者决不能违背党的方针政策，更不能对党的政策阳奉阴违、肢离曲解、断章取义。一方面，要做到令行禁止。组织管理者要自觉顾全大局，维护青年大学生的根本利益。另一方面，要狠抓落实。组织管理者要坚定执行政

---

① 中共中央马克思恩格斯列宁斯大林著作编译局. 马克思恩格斯选集：第1卷［M］. 北京：人民出版社，1995：9.

策，把落实各项政策作为自己的重要职责，坚决按照政策要求去做，在执行过程中不敷衍塞责、不变形走样，一抓到底，落到实处，见到成效。

再次，要有为学生服务的意识，科学制定政策。马克思曾明确指出，"人们为之奋斗的一切，都同他们的利益有关"①。可见，我们必须要关注新时代大学生的切身利益。我们党的宗旨是全心全意为人民服务，我们组织领导者的宗旨是全心全意为学生服务。这就决定了一切政策的制定必须把实现好、维护好、发展好青年大学生的根本利益作为出发点、落脚点。要善于倾听学生的意见和呼声，从学生那里汲取营养和智慧、获得经验和力量，这样制定的政策才会符合实际并有深厚的学生基础。要发扬民主，制定政策尤其是涉及学生切身利益的重要决策时，必须广泛征求意见，倾听各方面的反映。在一项政策发布之前，一定要通过多种渠道和形式广泛征求各个层面的意见，广泛吸收各方面的意见和建议，使制定的政策更好地体现大学生的共同意志。

最后，要有规律意识，及时完善政策。组织领导者要坚持用唯物辩证法看待问题、分析问题，强化认识规律、尊重规律的意识，增强把握规律、运用规律的能力，密切跟踪政策及重要工作部署在学生中贯彻落实的进展情况，根据客观情况变化及时补充完善政策，并有针对性地提出修订建议，以推动政策的进一步完善。

第六，"知责任者，大丈夫之始也；行责任者，大丈夫之终也"。责任就是承担应当承担的任务，完成应当完成的使命，做好应当做好的工作。所谓责任意识，是指个人对自己和他人、对家庭和集体、对国家和社会所担负的责任的认识、情感和信念，以及与之相对应的自觉态度、行为倾向和奉献精神。责任感不仅是一种品质、一种志向，而且是一种美德。一个人的责任感可以集中体现在个人对他人、对集体、对国家乃至整个社会所应承担的责任的认知、认同、信念，以及相对应的承担责任并履行责任的态度。从"天下兴亡，匹夫有责"到"鞠躬尽瘁，死而后已"，从"不破楼兰终不还"到"位卑未敢忘忧国"，从"生才为世用"到"铁肩担道义"，从"留取丹心照汗青"到"岂因祸福避趋之"，都是对责任要旨的真切诠释。胸怀高度的责任感一直是中国共产党人的优良品格，在脱贫攻坚战中，在抗击新冠肺炎疫情中，无不彰显了中国共产党人令人钦佩的高度责任感。在中华民族伟大复

---

① 中共中央马克思恩格斯列宁斯大林著作编译局. 马克思恩格斯全集：第 1 卷 [M]. 北京：人民出版社，1995：187.

兴的进程中，从"宁可少活二十年，拼命也要拿下大油田"的王进喜到"隐功埋名三十载，终生报国不言悔"的黄旭华，从"九死一生的战斗英雄"柴云振到"卫国戍边英雄"陈红军，他们一直矢志不渝地践行着知责于心、担责于身、履责于行的崇高使命感和责任感。新时代大学生是祖国的未来，学校组织管理者的身上肩负着培养他们适应社会发展需要，进而投身于中华民族伟大复兴的历史洪流中的重任，更加需要具备高度的责任意识，发扬钉子精神，尽职尽责、用心用力做好大学生的社会主义核心价值观培育工作。

责任意识是一个人成功的重要基础。世界上的成功人士很多，虽然他们生活的环境和人生经历各有不同，但是他们都拥有一个显著的共同特点，那就是深深的责任感和执着的态度。责任，是一种使命；责任意识，是一种使命感。对组织管理者而言，责任意识不是在轰轰烈烈中展示，而是在平凡、普通、细微甚至琐碎中体现。他们肩负着为祖国培养下一代的重任，只有每一个人都具有强烈的责任心和使命感，才会拥有不断进步的动力，才会拥有勤奋工作的热情，才会有务实创新的工作态度。具有责任心的人不需强制，不需责难，甚至不需监督。他们把职业的责任升华为博大的爱心，在平凡中铸就伟大。同时，责任意识是社会良性运行的保证，是社会发展的动力。责任意识的有无直接表现为工作认不认真、负不负责、务不务实、积极不积极等，这些都需要一个人的内心发出的动力大小来决定最后的表现。所以每一个组织管理者都要认识到责任意识的重要性，知责于心、担责于身、履责于行，把社会主义核心价值观融入责任意识当中，培养中国特色社会主义建设者和接班人。

（二）正确价值导向的组织领导制原则

对新时代大学生进行社会主义核心价值观的培育是培养合格的中国特色社会主义事业建设者和接班人的内在要求，也是新时代下加强和改进高校思想政治工作的现实需要。新时代大学生社会主义核心价值观培育具有主导性、丰富性、开放性等特点，体现鲜明的时代要求、贯穿共同的价值目标、突出强烈的人文关怀、反映时代的道德诉求。要遵循大学生思想品德形成发展的基本特征及其特殊规律，坚持以人为本、坚持以理想信念教育为核心、坚持理论与实践相结合、坚持创新等原则，从而完善正确价值导向的组织领导制，发挥组织领导力，进一步有效推进新时代大学生社会主义核心价值观培育工作。

1. 坚持以人为本的原则

以人为本，是现代教育的核心理念。德育作为"使人向善"的教育活动，注重对人的尊重和对人的主体性的培养。在新时代大学生社会主义核心价值观培育过程中，要注重把解决新时代大学生的思想困惑和人生矛盾作为出发点和落脚点。高校大学生社会主义核心价值观教育必须以人为本。以人为本既是一种价值观念、思维模式，更是一种方法论。党的十八大以来，习近平总书记就以人为本、以人民为中心发表了系列重要论述。习近平总书记指出："无论身居多高的职位，都必须牢记我们的共和国是中华人民共和国，始终要把人民放在心中最高的位置，始终全心全意为人民服务，始终为人民利益和幸福而努力工作。"[①] 培育新时代大学生社会主义核心价值观，必须坚持以人为本，帮助大学生健康成长，对大学生给予尊重、关心、理解，把工作的切入点更多地放在学生身上，关注学生所需要的，从而充分发挥学生的主体作用。坚持以人为本就是要做到以下几点：

一方面，尊重大学生的主体地位。新时代大学生的社会主义核心价值观培育必须立足于学生，以学生为本，考虑到大学生的兴趣、需要、追求以及接受能力，进行有针对性的教育，从大学生的未来发展出发，充分尊重学生在教育实践中的主体地位，把大学生道德水平的提高作为归宿。在新时代大学生社会主义核心价值观培育过程中，大学生不能只当"旁观者"，而要把自己当作"主人"，要有主人翁意识，要成为自觉认同并践行社会主义核心价值观的主体。正如习近平总书记强调"要坚持主导性和主体性相统一，思政课教学离不开教师的主导，同时要加大对学生的认知规律和接受特点的研究，发挥学生主体性作用"[②]，在教育实践中，要改变学生以往的被动角色，与教育者产生互动，同教育者建立民主、平等的关系，改变传统的灌输模式，变被动为主动。在尊重学生的人格和权利的同时，尊重大学生的个体差异性，尊重人的创造力和自由发展的权利，尊重学生认识问题、理解问题和分析问题的价值取向。要着眼于对学生正面的引导和启发，把人的思想认识从那些不合时宜的观念、做法和体制中解放出来，充分发挥学生的创造力，激发他们实践社会主义核心价值观的积极性，使他们主动参与到德育实践中

---

① 习近平. 在第十三届全国人民代表大会第一次会议上的讲话 [M]. 北京：人民出版社，2018：2.

② 习近平. 用新时代中国特色社会主义思想铸魂育人　贯彻党的教育方针落实立德树人根本任务 [N]. 人民日报，2019-03-19 (01).

去，促使他们勇于发表自己的见解，善于倾听、吸收他人的观点，能够更好地根据自身需求，自主地确定价值观教育活动方案，从而可以很好地提高教育实践的效果。

另一方面，注重大学生的个性化思想教育。马克思、恩格斯指出："全部人类历史的第一个前提无疑是有生命的个人的存在。"① 因此以人为本的大学价值观教育，必须尊重学生的个性差异，即尊重大学生在认知、情感、意志等方面表现出来的稳定而又区别于他人的特点，尊重个体发展的差异性，因材施教，给每个学生创造充分的自主发展空间，让他们能够有展示独特个性的机会，彰显其能动性和创造性。这样可以更好地体现"以人为本"的实质，正确对待大学生的个体差异，针对不同的个体实施有针对性的个性化教育，从而更好地提高教育的实效性，促进青年大学生成长成才。

青年大学生处于 18~24 岁这一年龄阶段，在这个阶段，个体的生理发展已接近完成，基本上已具备了成年人的体格及生理功能，但其心理尚未成熟，加之面临学业、就业压力以及个人情感问题，不少大学生都存在焦虑、失眠、抑郁等问题。《中国国民心理健康报告（2019—2020）》显示，18~34 岁青年的焦虑平均水平高于成人期的其他年龄段，而大学生刚好是这个群体的重要部分。因此，以人为本的大学生社会主义核心价值观培育，必须根植于大学生的心理健康问题。高校的心理健康工作不仅关乎每一位学生的生命和健康，而且关乎学生背后的家庭幸福和社会稳定，因而高校在引导大学生养成健康的心理方面有着义不容辞的使命。高校在大学生的社会主义核心价值观培育中，要注重与大学生的心理健康教育课程相结合，将挫折教育融入教育中，引导大学生学会正确对待和处理学业压力、人际关系、就业压力等，并在实践中养成健康的人格，提高大学生的自我教育能力。在教育实践中，改变以往那种居高临下、灌输说教的"填鸭式"教学方式，让大学生对德育产生认同感，从而更好培育价值观，更有利于提高大学生的道德水平。

同时，创造良好的校园环境。良好的外部环境对事物的发展起着不可忽视的促进作用。学校是大学生日常学习和生活的环境，校园环境对大学生健康人格的塑造有着潜移默化的影响。一个好的校园环境能对人的心理起到陶冶、熏陶的作用，而缺乏人文色彩的校园环境则容易使学生产生厌烦、懈怠的心理，使学生放松对自己的要求。高校不仅要强调社会主义核心价值观的

---

① 中共中央马克思恩格斯列宁斯大林著作编译局. 马克思恩格斯选集：第 1 卷 ［M］. 北京：人民出版社，1995：67.

内容和形式，也要关注校园文化的建设，努力营造温馨、健康向上、安全的校园文化，关心学生，了解、满足学生的需求，给学生提供一个和谐的校园环境，使学生能够更好地学习和生活，为大学生价值观培育创造一个良好的氛围。

2. 坚持以理想信念教育为核心原则

古人云：立志而圣则圣矣，立志而贤则贤矣。理想因其远大而为理想，信念因其执着而为信念，理想信念可以集中表现在一个人的精神面貌和行为举止中，也可以在生活中对一个人的精神面貌和行为举止产生深远影响。习近平总书记在庆祝改革开放 40 周年大会上指出："信仰、信念、信心，任何时候都至关重要。小到一个人、一个集体，大到一个政党、一个民族、一个国家，只要有信仰、信念、信心，就会愈挫愈奋、愈战愈勇，否则就会不战自败、不打自垮。"① 可见，理想信念是十分重要的，理想信念教育是不可或缺的。社会主义核心价值观作为当代中国精神的集中体现，在属性、目标、内容等方面都与理想信念具有广泛契合性，理想信念既是我们创业的不竭动力，也是把稳思想之舵的关键，在新时代大学生社会主义核心价值观培育中，必须要坚持以理想信念教育为核心原则。

（1）理想信念教育与社会主义核心价值观教育的内在联系。

理想信念教育与社会主义核心价值观教育的内在联系集中表现在以下几方面：

一是教育目标的一致性。理想信念教育与社会主义核心价值观教育在目标上是对坚定马克思主义的信仰、坚定对社会主义和共产主义的信念，具有一致性，两者的目标都是要通过教育来筑牢信仰之基、补足精神之钙、把稳思想之舵。理想信念教育和社会主义核心价值观教育的理论基础都源自马克思主义，马克思主义是中国共产党人理想信念的灵魂，只有坚定对马克思主义的信仰才能把握好思想这个"总开关"。而在新时代，对大学生的教育中两者要实现的教育目标都是引导大学生成为坚定的马克思主义信仰者，培养出合格的社会主义建设者和接班人，引导大学生致力于为实现共产主义远大理想和中国特色社会主义共同理想而不懈奋斗。

二是教育内容的发展性。理想信念教育和社会主义核心价值观教育是一个动态的过程，这个动态的过程就决定了教育的内容是与时俱进的，二者的

---

① 习近平. 在庆祝改革开放 40 周年大会上的讲话 [M]. 北京：人民出版社，2018：42.

内容具有开放发展性。理想信念教育与社会主义核心价值观教育内容的发展性表现为二者的内容不是一成不变的，而是具有鲜明的时代性。每个时代所面临的形势不同、肩负的使命任务不同，理想信念教育的内容也就不同。新时代，理想信念教育和社会主义核心价值观教育都注重将教育内容与新的时代特点和新的形势任务相结合，在中华民族伟大复兴的新征程中做到因势而谋、应势而动、顺势而为，使教育内容跟上时代的需求和变化。

三是教育过程的持续性。理想信念教育是一个持续深化的过程。一方面，理想信念是人最深层次、最核心的价值观念，是作出价值选择和价值判断的根本依据，理想信念的形成和确立不是一蹴而就的，要在实践中经过千锤百炼才能形成；另一方面，在进行理想信念教育时，现实中存在形形色色的诱惑，会淡化理想信念教育的正向导向作用。同时，社会主义核心价值观教育也是一个循序渐进的过程。社会主义核心价值观在个人层面是"爱国、敬业、诚信、友善"，如何做到在教育过程中统筹兼顾是一个难题。这就决定了社会主义核心价值观教育是一个系统性的工程，需要持续用心、久久为功。因而，两者的教育都是一个需要潜移默化、日积月累的过程，具有持续性。

（2）推动理想信念教育常态化制度化。

党的十九届四中全会审议通过的《中共中央关于坚持和完善中国特色社会主义制度、推进国家治理体系和治理能力现代化若干重大问题的决定》提出"推动理想信念教育常态化、制度化"。党的十九届五中全会审议通过的《中共中央关于制定国民经济和社会发展第十四个五年规划和二〇三五年远景目标的建议》再次提出"推动理想信念教育常态化制度化"，由此可见理想信念教育的重要性。习近平总书记强调："青年时代树立正确的理想、坚定的信念十分紧要，不仅要树立，而且要在心中扎根，一辈子都能坚持为之奋斗。"[①] 推进理想信念教育常态化制度化，让全体组织领导者坚定理想信念，发挥新时代大学生社会主义核心价值观培育过程中理想信念培根铸魂的作用，在"拔节孕穗期"为大学生埋下真、善、美的种子。

一要强化理论武装。习近平总书记指出："理想信念的坚定，来自思想理论的坚定。认识真理，掌握真理，信仰真理，捍卫真理，是坚定理想信念

① 中共中央文献研究室. 习近平关于青少年和共青团工作论述摘编［M］. 北京：中央文献出版社，2017：23.

的精神前提。"① 对思想理论的坚定，是坚定理想信念的前提，学习并掌握马克思主义理论的深度，决定着人的思想境界的高度、思维视野的广度。因此，在加强理想信念教育的过程中要用马克思主义和马克思主义中国化的理论成果武装头脑，指导实践，练就马克思主义的"看家本领"；要通过读原著学原文悟原理，推动理想信念教育往心里走、往深里走、往实里走，以理论清醒补足"精神之钙"；要做到学而信、学而思、学而行三者相统一，持续练就"金刚不坏之身"。

二要加强实践锤炼。从石库门到天安门、从兴业路到复兴路的百年征程中，中国共产党人坚定的理想信念经受住了实践的锤炼。理想信念不是海市蜃楼、空中楼阁，不能只把理想信念当作天边的事而不与身边的事情相结合，在实践中锤炼理想信念，就是要突破"小我"，追求"大我"。因为"小我"与"大我"的关系问题就是贯穿一切价值关系和人生价值取向的根本问题。将"小我"融入"大我"才能"共同享有人生出彩的机会，共同享有梦想成真的机会，共同享有同祖国和时代一起成长与进步的机会"②。同时，衡量一个人是否具有理想信念，要看他在实践中是否做到知信行相统一，加强坚定理想信念的实践锤炼就是在面对困难时要有"风雨不动安如山"的定力、"乘风破浪会有时"的信心和"咬定青山不放松"的执着。

（3）把理想信念教育融入社会主义核心价值观建设全过程。

理想信念是精神支柱，是力量之源。习近平总书记强调："一个国家，一个民族，要同心同德迈向前进，必须有共同的理想信念作支撑。"③ 社会主义核心价值观建设是一个系统优化、整体布局的过程，要发挥理想信念的引领和导向作用。在开展社会主义核心价值观培育过程中，必须要通过理想信念这个关键点切入，通过社会、学校、家庭的共同引导、社会舆论宣传、社会实践活动等措施，使理想信念层层推进，融入社会主义核心价值观的各个环节和各个领域。

首先，认知认同问题是关键。只有在情感上达成共识，才能把社会主义核心价值观内化于心、外化于行。教育引导工作作为理想信念教育的基础性工作，在认知认同问题上发挥着重要的作用。因此，要把理想信念教育与社

---

① 习近平. 在纪念红军长征胜利 80 周年大会上的讲话 [M]. 北京：人民出版社，2016：12.
② 中共中央文献研究室. 十八大以来重要文献选编（上）[M]. 北京：中央文献出版社，2014：235.
③ 中共中央文献研究室. 习近平关于社会主义文化建设论述摘编 [M]. 北京：中央文献出版社，2017：11.

会主义核心价值观统一起来，通过学校、家庭、社会大力开展宣传教育活动，通过人民喜闻乐见的方式使理想信念和社会主义核心价值观的内容和要求贴近实际、贴近生活、贴近群众。中华优秀传统文化作为五千年中华文明的精华，体现着民族精神和血脉基因，是社会主义核心价值观的涵养之源。新时代，我们应该通过创造性转化、创新性继承，让优秀传统文化作为理想信念和社会主义核心价值观的木之根、水之源，达到净化社会风气、陶冶道德情操的效果。同时，要认真贯彻马克思主义中国化的最新理论成果，为理想信念和社会主义核心价值观的培育践行提供理论支撑。

其次，着眼根本，解决立德树人的问题。习近平总书记强调："核心价值观，其实就是一种德，既是个人的德，也是一种大德，就是国家的德、社会的德。"① 一个人只有坚定信念才能树立自身德业，社会主义核心价值观的践行离不开理想信念的教育。一要树立崇高人生理想和追求，在时代洪流中找准人生定位，发挥自己的价值，活出生命的意义；二要通过对现实世界的思考和价值重塑，通过对社会公德的发扬和标榜，成为社会良好风气的建设者；三要牢记"不闻不若闻之，闻之不若见之，见之不若知之，知之不若行之"的道理，善于明辨是非，提高道德情操，在实践中超越自我。

最后，立足养成，解决融入内化的问题。习近平同志指出，"一种价值观要真正发挥作用，必须融入社会生活，让人们在实践中感知它、领悟它"②。任何理论或思想如果不到实践中去，就丧失了存在的意义。实践是一种重要的教育方法，是人们认识的来源，必须把理想信念放到忠于祖国、为人民服务、贡献社会的宽广舞台，把远大理想与现实生活中的具体实际相结合，与自己的具体实际相结合，从身边做起，从点滴小事做起。要树立埋头苦干、拼命硬干的理想，报效国家、服务人民，为中国特色社会主义事业奋斗终生、奉献终生。要勇于创新、敢于革新，在工作中以最高标准要求自己，学会"自找苦吃"，争做自主创新的"排头兵"。要克己奉公、淡泊明志、无私奉献、乘风破浪、无怨无悔、倾其所有地为国家和民族贡献自己的一切力量。我们每个人都有"两个课堂"，一个在教室，一个在田野，在教室学理论，在田野搞实践，"两个课堂"同样重要，这是引导新时代大学生在真学真信中坚定理想信念，在学思践悟中推进社会主义核心价值观生根、

---

① 习近平. 青年要自觉践行社会主义核心价值观——在北京大学师生座谈会上的讲话［M］. 北京：人民出版社，2014：4.

② 中共中央文献研究室. 习近平关于社会主义文化建设论述摘编［M］. 北京：中央文献出版社，2017：109.

发芽、开花、结果的重要途径。

3. 坚持理论与实践相结合原则

理论教育与社会实践相结合是党的教育方针的重要内容，同时也是思想政治教育的根本原则。因此对新时代大学生进行社会主义核心价值观的培育，理应坚持理论与实践相结合的原则。《大学》开宗明义提出了"明明德、亲民、止于至善"的"三纲"目标，揭示了君子人格的目标指向和理想状态。如何达到这个至善的道德价值目标呢？《大学》紧接着提出了"格物、致知、诚意、正心、修身、齐家、治国、平天下"的"八目"路径，由外而内再由内而外，由物而己再由己而人，由自然到个人再由个人到社会，构成了向至善目标的循序渐进的现实步骤。"格物、致知、诚意、正心"是个人修养的知识和道德基础；"齐家、治国、平天下"是个人超越自我、实现自身社会化的目标，并由此最终达到人格完善境界；而"修身"则是连接自然与人伦、个人与社会、个体与家国天下的纽带，是根本的立足点和承上启下的中心环节，即所谓"自天子以至于庶人，壹是皆以修身为本"。

古人的道德文化和伦理智慧在当今社会主义核心价值观建设中具有极大的启发意义。社会主义核心价值观是社会共识性的价值追求，需要每一个人的努力。一方面，精神性的价值观要通过现实性的价值实践，才能从精神性的、理念性的存在转变成为实践性存在。只有我们每一个人都把价值观作为内在的追求，真正摆正个人与国家、社会、他人的关系，以慎独精神来约束和检视自我，把社会主义核心价值观转化为个人价值追求的内在动力，贯穿到个人的日常生活和工作实际当中，核心价值观才能成为实实在在的现实。另一方面，从社会主义核心价值观本身的三个层面来说，富强、民主、文明、和谐这些国家层面的价值目标，自由、平等、公正、法治这些社会层面的价值取向，必须通过爱国、敬业、诚信、友善这些个人层面的价值准则，通过每一个人的价值追求才能落到实处。

4. 坚持创新原则

创新是人类所特有的创造性劳动的体现，是人类社会进步的核心动力和源泉。创新是人们在认识世界和改造世界的过程中对原有理论、观点的突破和对以往实践的超越。早在 1995 年 5 月 26 日，全国科学技术大会上，江泽民同志就提出了"创新是一个民族进步的灵魂，是一个国家兴旺发达的不竭动力"① 这个著名的论断。江泽民同志说："一个没有创新能力的民族，难以屹立于世界先进民族之林。"② 习近平总书记强调："惟创新者进，惟创新者强，惟创新者胜。"③ 新时代大学生社会主义核心价值观培育的过程中，也需要重视创新的作用。

推进理念创新使践行社会主义核心价值观获得持续精神动力。所谓理念创新，是指革除旧有的既定看法和思维模式，以新的视角、新的方法和新的思维模式，形成新的结论或思想观点，从理念创新中汲取智慧和力量，进而指导新的实践的过程。习近平总书记指出："理念是行动的先导，一定的发展实践都是由一定的发展理念来引领的。"④ 可见，推进理念创新才能引领社会主义核心价值观实践新境界。理念创新，不是无水之源、无本之木，需要有牢固的根基，万丈高楼平地起，厚积方能薄发。首先要加强知识学习，知识积累是对社会主义核心价值观进行理念创新的重要基础。阿根廷著名作家博尔赫斯说：天堂是图书馆的模样，可见知识的重要性。学习贵在勤奋、贵在钻研、贵在有恒，要注重把所学知识内化于心，形成自己的见解，更要注重把所学知识外化于行，担起自己应尽责任。

推进方法方式创新增强对社会主义核心价值观的理解力与感染力。时代发展变化所带来的要求是培育社会主义核心价值观的重要依据，大学生社会主义核心价值观的培育和践行需要充分考虑到大学生的特殊性，即根据大学生独有的心理特征、行为方式、接受习惯来制定培育方案和实践路径。一是运用新兴媒介。培育和践行社会主义核心价值观要充分利用网络优势，通过微博、微信等社交软件，以及抖音、快手等短视频软件弘扬主旋律来扩大社会主义核心价值观的影响力，使学生在平时利用网络学习和社交的同时受到社会主义核心价值观潜移默化的影响。二是开展丰富多彩的文艺活动。文艺活动是推动文化发展的重要途径，也是文化宣传、展示的重要载体。要通过开展形式多样的活动、创新文化作品来引领文化传播，比如通过电影、歌曲等形式赞扬歌颂彰显社会主义核心价值观的真实人物和事件，使社会主义核心价值观根植内心。三是运用榜样示范引领。榜样的力量是无穷的。可以通过重大典型、最美人物评选、优秀大学生评选等活动，激发强大的社会正能

---

① 江泽民. 江泽民文选：第 1 卷 [M]. 北京：人民出版社，2006：432.
② 江泽民. 江泽民文选：第 1 卷 [M]. 北京：人民出版社，2006：432.
③ 中共中央文献研究室. 习近平关于科技创新论述摘编 [M]. 北京：中央文献出版社，2016：3.
④ 习近平. 习近平谈治国理政：第 2 卷 [M]. 北京：外文出版社，2017：197.

量，产生良好的示范带头作用，激浊扬清方能弘扬正气。

第二节　新时代大学生社会主义核心价值观培育的支撑机制

　　社会主义核心价值观是当代中国精神的集中体现，凝结着全体人民共同的价值追求。新时代大学生面临文化价值观多元化的挑战，新时代大学生社会主义核心价值观培育面临新的环境和特点。习近平总书记提出"两个大局"时强调："一个是中华民族伟大复兴的战略全局，一个是世界百年未有之大变局，这是我们谋划工作的基本出发点。"[①] "两个大局"是当前大学生社会主义核心价值观培育的时代背景，即在全面建成小康社会、开启全面建设社会主义现代化新征程、逐渐走向世界舞台中央的中国，在国家治理现代化的过程中，构筑中国精神和中国价值。新时代大学生社会主义核心价值观培育的支撑机制是实现"育新人"使命任务的重要支撑和保障。本节对实现新时代大学生社会主义核心价值观培育的支撑机制进行探讨，从加强社会主义核心价值观的教育体系构建机制着手，强化社会主义核心价值观的育人队伍建设，建立起将培育成效作为相关评估评价标准的反馈机制，为新时代大学生社会主义核心价值观培育搭建稳固的支撑机制，进而使新时代大学生社会主义核心价值观培育具有长效性。

一、加强社会主义核心价值观的教育体系构建机制

　　党的十九届五中全会审议通过的《中共中央关于制定国民经济和社会发展第十四个五年规划和二〇三五年远景目标的建议》提出要建设高质量教育体系。新时代大学生社会主义核心价值观的教育体系是高质量教育体系的重要组成部分。习近平总书记在讲话中多次指出要"培养德智体美劳全面发展的社会主义建设者和接班人"[②]。因此，要在社会主义核心价值观的教育体系构建中注重新时代大学生的德智体美劳全面发展，进一步探讨如何加强社

① 习近平. 习近平谈治国理政：第3卷 [M]. 北京：外文出版社，2020：77.
② 习近平. 思政课是落实立德树人根本任务的关键课程 [M]. 北京：人民出版社，2020：10.

会主义核心价值观的教育体系构建，就要抓住全员育人、全程育人、全方位育人这个关键。

（一）全员育人

习近平总书记指出："办好教育事业，家庭、学校、政府、社会都有责任。"① 社会主义核心价值观教育涉及千家万户，这就意味着社会主义核心价值观教育是一个需要多方协同配合形成教育合力的有机整体。既要求充分发挥家庭、学校、政府、社会各自的教育功能，又需要互相紧密配合、协调发展，努力构建"四位一体"的协同育人机制，让全社会都肩负起新时代大学生社会主义核心价值观培育的责任。首先，家庭是人生的第一所学校，家长是孩子的第一任老师，要发挥好独特优势，给孩子讲好"人生第一课"，帮助其扣好人生第一粒扣子。同时，还要注重家庭文化、家教、家风的建设和教育，培养孩子高尚的道德情操、良好的行为习惯。其次，学校具有集中性、系统性、持续性进行社会主义核心价值观教育的优势，在全员育人过程中承担着主体责任。学校需要遵循教育发展规律和学生成长成才规律，认真履行应有的教育职责，切实做到对学生负责、对家庭负责、对社会负责。一方面，学校要创新育人方式，调动必修课教师、选修课教师、辅导员、生活管理员等主体的积极性，把教书与育人、言传与身教相结合，在潜移默化中启迪智慧。另一方面，学校要加强与家长的沟通，帮助家长理解掌握科学的家庭教育理念，树立正确的成才观，承担起家庭教育的责任，推动家庭教育与学校教育同频共振。最后，政府和社会要推动社会资源参与社会主义核心价值观教育。"教育、妇联等部门要统筹协调社会资源支持服务家庭教育，要突出道德教育和健康教育，牢固树立德智体美劳全面发展的科学家庭教育理念，积极推进家庭教育立法，推动家庭教育纳入政府公共服务。各级党委和政府要为学校办学安全托底，解决学校后顾之忧，维护老师和学校应有的尊严，保护学生的生命安全。"② 通过社会组织、公共服务机构等挖掘育人元素，打通社会主义核心价值观教育的"最后一公里"，构建起社会主义核心价值观全员育人的教育体系。

---

① 习近平. 坚持中国特色社会主义教育发展道路　培养德智体美劳全面发展的社会主义建设者和接班人［N］. 人民日报，2018—09—11（01）.

② 教育部课题组. 深入学习习近平关于教育的重要论述［M］. 北京：人民出版社，2019：87.

（二）全程育人

社会主义核心价值观教育要坚持从人才成长规律出发，针对不同年龄段学生特点和需求，采取相应的教学方式，突出教学重点，在小学、中学、大学循序渐进开展社会主义核心价值观教育。习近平总书记在中共中央政治局就培育和弘扬社会主义核心价值观、弘扬中华传统美德进行第十三次集体学习时指出："要从娃娃抓起、从学校抓起，做到进教材、进课堂、进头脑。"[①] 从娃娃抓起就是社会主义核心价值观教育全程育人的直接体现。小学阶段对一个人健全人格和优良品德的形成起着基础性作用，这个阶段的社会主义核心价值观教育要引导学生形成爱党、爱国、爱社会主义、爱人民、爱集体的情感；中学阶段是一个人世界观、人生观、价值观形成的重要阶段，此阶段的社会主义核心价值观教育要培育学生的价值认知能力，强化学生做社会主义建设者和接班人的思想意识和政治认同；大学阶段是学生专业知识的储备期，是世界观、人生观、价值观塑造的关键阶段，本阶段的社会主义核心价值观教育要引导学生正确认识世界、全面了解国情、把握时代大势，将个人理想同国家发展、民族命运相结合，立志成为为中国特色社会主义事业奋斗终身的时代新人。在三个不同的阶段，有的放矢地进行社会主义核心价值观教育，有利于形成大中小学循序渐进、螺旋上升的社会主义核心价值教育体系。

（三）全方位育人

提升社会主义核心价值观教育实效、实现大学生德智体美劳全面发展，需要各门课程、各个环节协调发力。全方位渗透，协同构建育人大格局，完善社会主义核心价值观教育体系要做好以下几方面：首先，要遵循教学规律，发挥课堂教学的主渠道作用。面对纷繁复杂的国内外形势，要以透彻的学理分析说服人，以高超的教学艺术引导人，不断增强大学生对社会主义核心价值观的认知和认同。其次，要根据不同课程特色，合理嵌入社会主义核心价值观育人要素，进行主流价值引领，使各类课程与社会主义核心价值观教育同向同行，形成协同效应。最后，要将社会主义核心价值观教育的理论教学与实践教学结合起来。一方面，要打通"课内+课外"通道，鼓励学生主动参与社会调研、田野调查、实操实训等，持续推动社会主义核心价值观

---

① 习近平. 习近平谈治国理政［M］. 北京：外文出版社，2014：164—165.

教育进课堂、进头脑。另一方面，要打通"校内＋校外"通道，建立长期定点的社会实践基地，将社会资源和第一、第二课堂相互渗透，形成互动互补，构建全方位协同的社会主义核心价值观教育格局。

二、强化社会主义核心价值观的育人队伍建设

强化社会主义核心价值观的育人队伍建设，需要抓住育人对象的素质新要求，找准育人队伍建设的突破口和着力点，推动育人队伍从专项管理向现代治理转变，实现育人队伍从基本支撑向高质量支撑转型。

（一）社会主义核心价值观育人对象的素质新要求

党的十九届五中全会在明确提出到 2035 年建成文化强国这一远景目标的同时，对"十四五"时期文化建设领域的主要目标作出具体阐述，"社会文明程度得到新提高，社会主义核心价值观深入人心，人民思想道德素质、科学文化素质和身心健康素质明显提高，公共文化服务体系和文化产业体系更加健全，人民精神文化生活日益丰富，中华文化影响力进一步提升，中华民族凝聚力进一步增强"[①]。这就从思想道德素质、科学文化素质、身心健康素质等方面为新时代中国特色社会主义核心价值观育人对象的素质要求提供了遵循。

1. 思想道德素质

第一，政治素质。政治素质是一个人综合素质的核心，新时代大学生是国家的未来，其政治素质的高低对于我们国家未来的发展有着非常重要的作用。具有良好的政治素质是对青年大学生的起码要求。江泽民同志指出，讲政治包括政治方向、政治立场、政治观点、政治纪律、政治鉴别力、政治敏锐性。习近平总书记强调："必须增强政治意识，善于从政治上看问题，善于把握政治大局，不断提高政治判断力、政治领悟力、政治执行力。"[②] 这就深刻阐明了在全面建设社会主义现代化国家新征程上为什么要旗帜鲜明讲政治、怎样做政治上的明白人等问题。从实际工作出发，青年大学生的政治

---

① 中国共产党第十九届中央委员会. 中国共产党第十九届中央委员会第五次全体会议公报［M］. 北京：人民出版社，2020：11.

② 习近平. 加强政治建设提高政治能力坚守人民情怀　不断提高政治判断力政治领悟力政治执行力［N］. 人民日报，2020-12-26（01）.

素质主要体现在以下两个方面：

一方面，具有正确的政治立场和政治方向。政治立场是一个人在观察和处理政治问题时所处的地位和所持的态度，立场问题是根本问题。旗帜鲜明讲政治，既是马克思主义政党的鲜明特征，也是我们党一以贯之的政治优势。在新的形势下，新时代大学生必须具有正确的政治立场，坚持用马克思列宁主义、毛泽东思想、邓小平理论、"三个代表"重要思想、科学发展观和习近平新时代中国特色社会主义思想武装头脑，自觉弘扬和践行社会主义核心价值观。具有正确的政治方向，始终保持政治上的清醒，也是对新时代大学生的基本要求。如果政治方向模糊不清，就难当大任、难受重托。当前，我们要坚持正确的政治方向，必须增强政治意识，善于把握政治大局，不断提高政治判断力、政治领悟力、政治执行力。

另一方面，具有较高的政治鉴别力和政治敏锐性。新时代大学生是国家的未来、民族的希望，要面对各种矛盾和一些比较复杂的问题，特别是在迈向全面建设社会主义现代化国家的新征程中，有时各种矛盾相互交织在一起，如果新时代大学生不具有较高的政治鉴别力和政治敏锐性，就难以正确地认识和判断形势，较好地解决学习工作中的各种复杂问题。比如，要善于发现问题，对一些别有用心、企图利用民族宗教问题制造事端的人和事，要以高度的政治敏锐性予以识别。

第二，道德素养。道德作为一种社会意识形态，是一种无形的巨大力量。中华民族素来以崇尚道德的礼仪之邦著称，民族优秀传统道德精神是中华文明传统的核心，也是中国道德教育蕴含的深刻精髓。培养新时代大学生社会主义核心价值观，要以良好的道德素养作为基础，在当今这个物质为主导的社会里，正确的道德和崇高的思想尤为重要。特别对于当今的大学生来说，良好的思想道德素质是大学生立身做人的内在需要，可以促进大学生脚踏实地追求学习和提高自身素质。同时，加强大学生道德培养，还可以促进学校规范自身行为，实现依法办学和以德治校，进一步落实立德树人根本任务。

中国已经开启实现中华民族伟大复兴中国梦的新篇章，在这个过程中出现了两种情况：一种情况是道德观念随着时代的发展而产生变化，出现了许多适应当今经济生活和社会生活的新型道德观念、价值观念、认知观念，包括改革开放40多年产生的改革开放观念，社会主义市场经济发展产生的利益价值观念，法制体制建设中产生的公平公正观念等。另一种情况是我们需要警惕传统的、封建的、落后的、腐朽的观念。比如中国几千年来一直存在的封建迷信思想、重男轻女等封建观念，以及外来落后文化带来的资产阶级拜金主义、享乐主义等腐朽观念尚未被完全根除，仍然会对社会产生不良影响。现实中就有一些意志薄弱的人没有抵御住糖衣炮弹的攻击而思想滑坡、行动松懈，对社会风气造成极大破坏。新时代大学生作为国家未来的希望，要重视道德作用，建立正确的道德观念，坚持社会主义核心价值观，为建设祖国而打下坚实的基础。

当前，世情国情党情发生了很大变化，社会现实出现了严峻的危机，这让我们不得不警惕起来，更加重视道德修养教育。随着改革开放的不断推进、社会主义市场经济迅速发展、物质条件大幅度提高，精神生活也需要大踏步跟进，防止和物质条件脱节。所以我们就需要从提高个人道德修养做起，为社会进步、经济发展营造出和谐美好的社会环境。"十三五"规划圆满收官、脱贫攻坚战取得了全面胜利，我们正站在历史关键节点的新起点上，个人的独立自主性日益增强，人们社会活动和交往的范围越来越大，人们行为活动的自由度明显提高，这一切将对道德的呼唤越来越强烈，道德调节的作用将显得越来越重要。因此，对广大干部群众特别是青少年加强道德修养、树立社会主义荣辱观的要求会越来越迫切。

正是基于对社会主义道德建设作用及其规律的认识，基于促进我国经济社会全面发展的迫切需要，习近平总书记强调，"要大力弘扬时代新风，加强思想道德建设，深入实施公民道德建设工程，加强和改进思想政治工作，推进新时代文明实践中心建设，不断提升人民思想觉悟、道德水准、文明素养和全社会文明程度"①。因此，我们要牢固树立社会主义荣辱观，做好社会主义道德建设的基础性工作。这对于加强社会公德、职业道德和家庭美德教育，提升全民族的道德水平，形成良好社会风气，具有十分重大的意义。

第三，学习态度。学习态度指学习者学习时比较稳定的具有选择性的反应倾向，是在学习过程中的一种内部状态。积极主动的学习态度的培养不仅是为了适应新课程的需求，而且也是培养高素质人才的必经之路。学习态度是后天习得的，而不是先天就形成的，是通过家庭、学校和社会生活中别人的示范、指导、劝说而逐渐形成的。当今是信息社会，学习不仅能够帮助一个人适应社会，也是社会和国家兴旺发达的基础。作为一名新时代大学生，更应该认识到良好的学习态度的重要性，不负期望、勇担使命、追求卓越、奋勇争先，以青春力量书写时代篇章。

---

① 习近平. 习近平谈治国理政：第3卷［M］. 北京：外文出版社，2020：313.

第四，服务意识。我们党之所以要为人民服务，一个是个人和他人的关系，社会存在分工，人与人在生活中相互需要；另一个是权利与义务的关系，我们既是社会的个人也是国家的公民，既有生存的权利，同时也有服务他人的义务。第三个层面是人生进步与人格提升方面。人都是往高处走的，我们在实践中总是要不断地进步，从为自己服务，上升到为他人服务，再上升到为社会服务。作为社会中的一个个体，作为一名大学生，我们更要加强自己的服务意识，践行为人民服务的宗旨。"圣人不积，既以为人己愈有，既以与人己愈多。"① 我们付出的越多，从短期利益看，好像有所损失，但是从长远利益看，我们得到的也越多。人民群众是历史的创造者，我们党作为执政党，只有全心全意为人民谋幸福，才能得到人民的支持。志愿服务是社会文明进步的重要标志，也是培育社会主义核心价值观的重要推进力量。而作为一名青年大学生，要从身边的小事做起，要积极践行"奉献、友爱、互助、进步"的志愿服务精神，彰显新时代青年大学生的理想信念、爱心善意、责任担当。

2. 科学文化素质

"化民成俗，其必由学。"塑造灵魂、塑造生命、塑造新人，课堂、学校是基本场所，教育是根本途径。要培养担当民族复兴大任的时代新人，这就对新时代大学生的科学文化素质和能力水平提出了新要求。站在"两个一百年"奋斗目标的历史交汇的关键节点，面对世界疫情和百年变局交织，面对国内外发展环境发生深刻复杂变化，特别要看到，在国际上，保护主义、单边主义盛行，世界经济增长低迷姿态仍在延续，不稳定性不确定性明显增加，机遇和挑战之大前所未有；在国内，社会思想意识多元多样多变，不同思想文化、不同道德观念、不同价值取向的碰撞交锋更加频繁。这都要求我们要从历史逻辑、理论逻辑、实践逻辑出发，增强行动自觉，提升科学文化素质。

3. 心理健康素质

健康的心理素质是学生身心正常发展必不可少的要素，心理素质的主体作用发挥集中在三方面：广泛的兴趣、坚定的意志和迅速的适应能力。第一，兴趣爱好。知识储备是兴趣的基础，知识越丰富的人，兴趣也越广泛；

---

① 侯外庐，赵纪彬，杜国庠. 中国思想通史：第 1 卷 [M]. 北京：人民出版社，2011：252.

而知识贫乏的人，兴趣也会是贫乏的。青年大学生的兴趣和爱好可以使他们热爱生活，适应环境。大学生应该爱好多样，热心于学校丰富多彩的文娱活动，这样可以大大地填补学生课外闲暇生活的空缺，给校园生活增色添彩。第二，意志力。意志力是指一个人自觉地确定目的，并根据目的来支配、调节自己的行动，克服各种困难，从而实现目的的品质。早在2400多年前，孟子就说过："天将降大任于斯人也，必先苦其心志，劳其筋骨，饿其体肤，空乏其身，行拂乱其所为，所以动心忍性，曾益其所不能。"这段话生动地说明了意志力的重要性。要想实现自己的理想，达到自己的目的，需要具有火热的感情、坚强的意志、勇敢顽强的精神，克服前进道路上的一切困难。第三，适应性。大学生不可避免地存在着一些适应问题，可能是学习上的适应，也可能是生活上的适应。学会学习、学会做事、学会做人、学会发展，是提高大学生活适应性的有效手段。我们应当在实践中不断提高自己的适应能力。

（二）社会主义核心价值观育人队伍建设新途径

百年大计，教育为本。教育大计，教师为本。习近平总书记指出："今天的学生就是未来实现中华民族伟大复兴中国梦的主力军，广大教师就是打造这支中华民族'梦之队'的筑梦人。"[①] 提升社会主义核心价值观育人队伍的能力素质，培养高素质专业化的育人队伍，可以为新时代大学生社会主义核心价值观培育提供稳固的人才队伍支撑。要依靠"四有"好老师，书写社会主义核心价值观育人队伍建设的"奋进之笔"。

第一，有理想信念。心有所信，方能远行。建设有理想信念的育人队伍需要加强思想政治工作，在理想信念上下功夫。教师有理想信念才能教育引导大学生用初心砥砺信仰、用理论坚定信念、用实践增强信心。习近平总书记指出："只有思想上精神上的吸引力和凝聚力，才是内在的强大的持久的。"[②] 教师自己首先要明道、信道，才能传道。高校要健全完善教师政治理论学习制度，用习近平新时代中国特色社会主义思想武装教师头脑，引导教师把理想信念建立在基本国情的准确把握上，建立在对社会发展规律的正确认识上。要加强党员教师的教育和管理工作，在党建活动中突出教师的

---

① 习近平. 做党和人民满意的好老师——同北京师范大学师生代表座谈时的讲话［M］. 北京：人民出版社，2014：14.
② 中共中央文献研究室. 习近平关于青少年和共青团工作论述摘编［M］. 北京：中央文献出版社，2017：63.

思想引领，在教学岗位上促进教师的成长成才，筑牢教师队伍的理想信念根基。同时，要积极组织教师到地方基层、实践基地等开展形式多样的实践锻炼，使教师把真正的理想信念根植于灵魂深处。

第二，有道德情操。教师的道德情操、行为准则会直接影响学生的人格养成，关乎育人成效。习近平总书记对思政课教师提出了"六要"要求，即政治要强、情怀要深、思维要新、视野要广、自律要严、人格要正。培养有道德情操的好老师，即教师的情怀要深、自律要严、人格要正，归纳起来就是要有优良的师德师风。习近平总书记强调："合格的老师首先应该是道德上的合格者，好老师首先应该是以德施教、以德立身的楷模。师者为师亦为范，学高为师，德高为范。老师是学生道德修养的镜子。"① 高校要加强制度体系建设，把严格制度规定同健全日常教育监督相结合，促进广大教师以身作则、立德垂范，抓好抓实师德师风建设，进而让良好师德师风沁润人心。不仅是学生教育需要创新，师德师风教育也需要创新。一方面，在教师选择、聘用、评优、评奖中要把教师职业道德摆在重要位置，严把师德师风关。另一方面，要突出全员全方位全过程师德师风实践养成，引导教师做到教书与育人相统一、言传与身教相统一、学术自由与学术规范相统一、潜心问道与关注社会相统一，做到以德立身、以德立学、以德施教、以德育德。

第三，有扎实学识。"水之积也不厚，则其负大舟也无力。"② 培养有扎实学识的好老师，要提升教师的学识能力。教师不应当只埋头做一个"对很少的东西知道很多、对很多东西知道很少"的"专家"，扎实的知识功底、过硬的教学能力、勤勉的教学态度、科学的教学方法是一位合格教师的基本素养，其中扎实的学识功底是教师素养的基础。高校要把终身学习理念贯穿到教师队伍建设的全过程，通过完善硬件设施、打造实践教学基地，以课题建设和智库研究为支撑，为教师提升教学技能、拓展职业发展渠道搭建平台，引导广大教师既做好"大先生"，又做好"教书匠"。此外，还要加强青年骨干教师和学科带头人的培养，以"名校＋""名师＋"工程建设为抓手，组建研修共同体，统筹好学科建设、科研创新等资源，健全教育培训体系，保障育人队伍建设不脱节。只有教师拥有扎实学识，才能启迪智慧，促进大学生向内反思与提高。

---

① 习近平. 做党和人民满意的好老师——同北京师范大学师生代表座谈时的讲话［M］. 北京：人民出版社，2014：7.

② 郭齐勇. 中国古典哲学名著选读［M］. 北京：人民出版社，2005：168.

第四，有仁爱之心。教育事业是充满爱的事业，只有拥有仁爱之心的教师，才能培养出有仁爱之心的学生。有仁爱之心的教师能做到真正关爱学生、尊重学生，为学生心田播下爱的种子。中国传统文化强调"仁者爱人""仁，人心也"。教师的仁爱之心，体现在与学生的交流和相处中。高校要积极为教师和学生的沟通交流搭建桥梁，让教师明白学生存在的思想困惑，充分了解学生的需要，进而用理解、引导的态度对待学生成长中遇到的问题，做到以情动人、以情育人、以情化人，帮助学生自我教育、自我完善，与学生打成一片，努力成为学生的好朋友和贴心人。要激发教师的仁爱之心，需要建立健全教师荣誉表彰体系，从物质和精神上对教师的辛勤贡献作出肯定，让教师在教书育人中找到获得感，实现人生价值。

总之，新时代大学生社会主义核心价值观培育有新要求，相应的培育队伍建设也要有新途径和新方法，围绕有理想信念、有道德情操、有扎实学识、有仁爱之心的"四有"好老师，打造一支政治过硬、品德高尚、业务精湛的社会主义核心价值观育人队伍，能够促进新时代大学生社会主义核心价值观培育工作的有效开展。

第三节　新时代大学生社会主义核心价值观培育的反馈机制

社会主义核心价值观不仅体现社会最核心的价值追求与价值理想，而且引领着社会的思想观念发展。国家需要先进的价值观导航定向，新时代大学生也需要社会主义核心价值观指引人生方向。作为国家建设的后备力量，大学生群体对社会主义核心价值观形成普遍共识和认同是决定国家、社会发展走向的重要因素，也是社会主义核心价值观发挥主导作用的重要基础。因而，通过探索建立将社会主义核心价值观培育成效作为相关评估评价的反馈机制，需要重点考察在培育过程中是否落实用社会主义核心价值观的文化逻辑来契合大学生的价值灵魂、用社会主义核心价值观的思维逻辑来培育大学生的价值理念、用社会主义核心价值观的社会逻辑来形成大学生的价值特性、用社会主义核心价值观的政治逻辑来契合大学生的价值根本，进而健全新时代大学生社会主义核心价值观培育的长效机制。

一、用社会主义核心价值观的文化逻辑来契合大学生的价值灵魂

社会主义核心价值观的文化氛围和文化土壤就是文化逻辑。"文化是一个国家、一个民族的灵魂。文化兴国运兴,文化强民族强。"① 21世纪世界看中国,世界各国都在不断地了解中国,特别是中国的传统文化,东方智慧开始风靡世界。很多国家都开设了孔子学院,学习中国的儒家思想,并应用到各个领域中,《孙子兵法》——世界最早的军事著作之一更是威震世界。当世界都认可中国传统文化的时候,作为炎黄子孙的我们不是更该了解自己国家的文化吗?鲁迅先生曾说:"惟有民魂是值得宝贵的,惟有他发扬起来,中国才有真进步。"② 这说明,只有发扬中华民族真正的文化价值,才能更好地培养新时代大学生的社会主义核心价值观。

发扬中华优秀传统文化有利于增强中华民族的凝聚力。一个民族是否具有强大的凝聚力是一个民族竞争力强弱的重要标志。而深厚的民族文化则是一个民族强大凝聚力的重要保证。在乾隆年间,远离故土多年的土尔扈特蒙古部落,由于备受当地俄罗斯人凌辱以及内心深处强烈的思乡情结,经历万里跋涉,千辛万苦,时隔一百四十多年重返祖国。这就是中华传统文化强大凝聚力的生动体现。面向未来,放眼中华民族伟大复兴战略全局,我国仍处于重要战略机遇期,需要全国人民齐心协力。如果我们能充分利用中华传统文化的精华,必将有力地促进我国社会的发展与进步。

发扬中华优秀传统文化有利于重塑中华民族的精神风貌。中华传统文化在数千年的发展过程中形成了众多优良传统,如诚信、自强、节俭、勤劳等。面对当今的社会现实,我们要重塑中华民族积极健康的精神风貌,要汲取中华民族的优良传统来洗涤中华民族的心灵,净化中华民族的灵魂。这不仅对新时代大学生形成正确的人生观和价值观有着重要意义,而且还有利于提高我国的国际形象。

发扬中华优秀传统文化有利于构建中华和谐社会。中华传统文化向来注重"天人合一"的境界,强调人与人、人与自然的和谐统一,形成社会的良性循环。当前中国正处于社会矛盾凸显期,我们可以通过挖掘中华传统文化

---

① 习近平. 习近平谈治国理政:第3卷 [M]. 北京:外文出版社,2020:32.
② 鲁迅. 鲁迅全集:第3卷 [M]. 北京:人民文学出版社,1981:208.

的精华，抚慰民众焦虑浮躁的心态。不仅如此，中华传统文化中的"民本思想""因材施教"思想，对于当今社会主义和谐社会提供了借鉴。

张岱年先生曾经特别指出，我们建设社会主义的新文化，一定要继承和发扬自己的优良文化传统，同时汲取西方在文化上的先进贡献。中国传统文化可以帮助大学生树立正确的人生观和价值观。虽然是几千年前的著作，但是人的哲学思想与做人的根本是不会变的，老祖宗几千年的文化与思考的积累是最好的人生指南针。大学生相对于其他社会群体来说有着一定的特殊性，他们正处于价值观形成和巩固的关键时期，他们虽然热爱中华民族的优秀传统文化，但是也喜欢新鲜事物和外来文化，非常容易受到影响，一些大学生并不是非常清楚地明白传统的和外来的究竟哪个是当前的主流价值观。所以，不仅需要帮助大学生了解自身的价值观念、认识主流价值观念，而且要引导其将主流价值观融入和主导自身的价值观体系，这是十分重要和必要的。

二、用社会主义核心价值观的思维逻辑来培养大学生的价值理念

思维逻辑是指社会主义核心价值观个体接受机制得以运行的思维范式和前提。在党的十九大提出的新时代坚持和发展中国特色社会主义的十四条基本方略中，第 7 条就是："坚持社会主义核心价值体系。"这指明了社会主义核心价值体系"兴国之魂"的作用，强调了社会主义核心价值体系的指导和引领作用。我们党在革命、建设和改革的历史进程中始终把坚持马克思主义基本原理同中国实际相结合，不断推进马克思主义中国化的新境界。马克思主义指导思想是社会主义核心价值体系的灵魂。马克思主义决定了社会主义核心价值体系的性质和方向，坚持社会主义核心价值体系，最根本的是要坚持马克思主义的指导地位。

第一，马克思主义具有与时俱进的鲜明特征。马克思主义不是固步自封的学说，而是随着时间发展不断丰富和完善的体系。马克思和恩格斯强调，他们的学说不是教条而是行动的指南，也就是说马克思主义是革命的、批判的、发展的，是随着时代和实践的进步而不断丰富的，在不同的时代背景下散发出独特内涵，创造出不同的价值。这也就是为什么我们当下学习的马克思主义能够引领我们把握住当下时代的动向，让我们也能够顺应潮流，真正做到与时俱进的原因。我们也能从马克思主义思想中吸收外国优秀的思

想和文化，形成了毛泽东思想和中国特色社会主义理论体系。因此学习马克思主义会更加有利于我们以更加积极的态度、更加广阔的视野、更加包容的胸怀认真研究、充分吸收。

第二，马克思主义有着科学的世界观和方法论，是认识世界、改造世界的强大思想武器。大学生处于思想成长期，大学的时光不仅让大学生在专业知识上有了丰富的储备，大学更重要的是要培养大学生用辩证唯物主义和历史唯物主义的世界观和方法论去认识并改造世界。在认识世界上，如果思想上不能客观公正地认识周围的世界，在精神上就有可能从积极到迷茫、从自信到自卑、从快乐到惆怅、从乐观到恐惧。在改造世界上，如果没有对世界潮流或趋势有正确的理解和把握，那么失败在所难免，更悲惨的就会成为电影《浪潮》中那个面对改革风波被制止、面对信仰即将破灭时拔枪了却了自己生命的学生。大学四年往往是个体的思想变化最大、思维方式最趋于完善的时光，马克思主义作为世界历史发展进程中被反复证明的科学真理，是大学生完善自己人生观、价值观的明灯，能够指引大学生正确、理性地面对即将迎接的社会。

第三，我们也能掌握实事求是的态度。我们强调坚持马克思主义不能拘泥于本本主义，而是要在坚持它的基本原理的基础上把它与生活中的具体实际相结合，分析新情况，解决新的问题。毛泽东指出："'实事'就是客观存在着的一切事物，'是'就是客观事物的内部联系，即规律性，'求'就是我们去研究。"① 习近平在纪念毛泽东诞辰 120 周年座谈会上指出："实事求是，是马克思主义的根本观点，是中国共产党人认识世界、改造世界的根本要求，是我们党的基本思想方法、工作方法、领导方法。"② 它的重要意义在于，一要从实际出发，按客观规律办事。就是要对实际进行全面深入的调查研究，调查研究必须坚持科学的态度，要用马克思主义的科学方法进行系统、周密的调查研究，了解事物本来的面貌，找出其客观规律，就是坚持辩证法全面性的观点，坚持唯物辩证法联系与发展的观点，反对教条主义，有革命的精神和革命的勇气。二要理论联系实际。就是要用马克思主义观察问题、解决问题的立场、观点和方法，来研究、探索中国革命和中国社会、社会主义和市场经济的内在联系，从而找出适合中国国情的革命和建设道路，

---

① 毛泽东. 毛泽东选集：第 3 卷 [M]. 北京：人民出版社，1991：801.
② 习近平. 在纪念毛泽东同志诞辰 120 周年座谈会上的讲话 [M]. 北京：人民出版社，2013：15.

找出建设中国特色的社会主义道路。三要坚持实践是检验真理的唯一标准。真理的本质是主观和客观相符合。实践是人改造客观世界的物质性活动，是联结主观和客观的"桥梁"，它具有普遍性和直接现实性，这就决定了只有实践才是检验真理的唯一标准。在这个时代，大学生特别需要实事求是的态度，因为当下爆发出的许多学术造假案已经让社会重视对大学生诚信的教育，部分大学生不愿意自己主动地去探究事物的规律和真相，而剽窃他人研究成果图一时的方便。如果所有人都在抄袭，那么这个社会也就没有创新，没有创新，社会又怎么能发展，怎么能进步？大学生是国家发展的未来，我们需要用马克思主义理论来指导解放思想，来创造新鲜的事物，而不是因循守旧，固步自封。

第四，马克思主义的科学性和真理性代表了最广大人民的根本利益。大学生的价值认知是核心价值观构建的基础，"要巩固马克思主义指导地位，坚持不懈地用马克思主义中国化最新成果武装全党、教育人民"①，用马克思主义思想指导实践，坚持马克思主义思想的指导地位，将社会主义核心价值观作为主流价值观，针对不同家庭环境、不同教育背景、不同成长过程的大学生开展并深化拓展个性化教育，有助于积极推动社会主义核心价值体系在大学生中形成良好的氛围，促进大学生核心价值观认同水平的提升。

三、用社会主义核心价值观的社会逻辑来形成大学生的价值特性

社会逻辑是指社会主义核心价值观个体接受机制得以运行的社会动力和基础。我们在长期的实践中达成了普遍共识和社会逻辑，那就是明确了对社会主义制度的认识。我们在中国共产党的领导下确立了社会主义这一先进的社会制度。随后，党和国家不断摸索、积极创新，确立了改革开放和社会主义市场经济制度，这不仅为中国社会带来了深刻的变革，而且为我们国家创造了丰富的物质财富，最终形成了稳定的社会局面。

我们通过各种途径帮助大学生深刻了解当今中国社会现实和改革开放40多年所取得的成就，增强了大学生对中国特色社会主义制度优越性的认同感。我们更需要用数字和实例客观地引导他们，尤其是要用好新冠肺炎疫

---

① 中共中央文献研究室. 十七大以来重要文献选编（上）[M]. 北京：中央文献出版社，2009：26.

情防控这堂"大思政课",让他们能够对社会主义制度的认识更加深刻,使社会主义核心价值观不断入脑入心。

四、用社会主义核心价值观的政治逻辑来树立大学生的价值根本

政治逻辑是指社会主义核心价值观个体接受机制得以运行的政治条件和保证。加强党的建设是当今中国政治逻辑的集中体现。习近平总书记指出:"新时代党的建设总要求是:坚持和加强党的全面领导,坚持党要管党、全面从严治党,以加强党的长期执政能力建设、先进性和纯洁性建设为主线,以党的政治建设为统领,以坚定理想信念宗旨为根基,以调动全党积极性、主动性、创造性为着力点,全面推进党的政治建设、思想建设、组织建设、作风建设、纪律建设,把制度建设贯穿其中,深入推进反腐败斗争,不断提高党的建设质量,把党建设成为始终走在时代前列、人民衷心拥护、勇于自我革命、经得起各种风浪考验、朝气蓬勃的马克思主义执政党。"① 这为完成党的奋斗目标和历史使命提供了坚强保障。

李君如曾在《北京日报》刊文说,在中国共产党发展过程中,每一个阶段都经历了许多考验和挑战,包括来自自身内部的挑战。但是这个党有一种内在的"抗体",总是能够战胜各种困难,包括那些致死的"病毒",总是能够不断与时俱进的。我们可以发现中国共产党有许多特质和优点:"中国共产党既有为人民服务的价值观,又有实事求是的思想路线,是一个为民主和科学而奋斗的政党;既立足于中国的基本国情,又能够顺应世界发展进步的潮流,是一个具有世界眼光和战略思维的政党;既坚持党内民主,又坚持党的集中统一,是一个能够吸引和凝聚民族精英的政党;既有原则性,又有灵活性,是一个敢于斗争又善于应对各种困难和风险的政党;既能够为人民坚持真理,又能够为人民修正错误,是一个真正没有私利的政党;既重视学习,又善于学习,是一个能够在不停顿的学习中提升自己的素质和能力的政党。"② 这六点概括起来就是中国共产党具有与时俱进的品质和能力。

大学生中也有相当一部分党员和入党积极分子,要重视和加强对这部分

---

① 习近平. 习近平谈治国理政:第3卷 [M]. 北京:外文出版社,2020:85.
② 中国行为法学会廉政行为研究会. 从严治党与反腐之路 [M]. 北京:人民出版社,2018:35.

大学生的积极引导作用，让大学生在学习和生活中，感受党的蓬勃生机和全心全意为人民服务的宗旨，争取能够加深对党的了解，最终使大学生能够听党话、感党恩，主动向党组织靠拢，响应党的号召，用党员标准严格要求自己，对加入中国共产党心生向往，将为人民服务、为国家发展建设贡献力量的使命内化为自身的行动指南，成为自身的价值追求。

我们国家正奋力谱写全面建设社会主义现代化国家的新篇章。习近平总书记在纪念五四运动100周年大会上的讲话中指出："青年的人生目标会有不同，职业选择也有差异，但只有把自己的小我融入祖国的大我、人民的大我之中，与时代同步伐、与人民共命运，才能更好实现人生价值、升华人生境界。"① 发展优秀大学生入党不仅是加速我国现代化建设的迫切需要，而且是加强党的建设的迫切需要，也是加强高校思想政治工作培养"六有"新人的有效途径。我们国家希望吸收更多的优秀青年大学生到党组织中来，为新时代大学生社会主义核心价值培育提供组织保障。

第一，深化理论研究，提升认识水平。理论挖掘的深度，直接关系社会主义核心价值观澄明的程度。为此我们可以充分利用高校人文社会科学研究方面的优势，深入研究社会主义核心价值观教育的一些基本问题，深化理论研究，为当代大学生党员培育社会主义核心价值观打牢理论基础，使社会主义核心价值观在理论上能够提升当代大学生党员的认识水平，逐步深化大学生党员的思想认识，为大学生党员社会主义核心价值观的践行提供科学的依据。

第二，加强教育宣传，形成广泛共识。积极培育社会主义核心价值观，需要营造浓厚氛围，需要融汇进脑、传播入心，形成广泛共识。在校园文化的建设中，通过新闻、文艺活动等多种多样的宣传活动坚持弘扬主旋律，举行品牌性的社团文化活动，如充分利用各类节日、重大事件等集中开展主题教育宣传活动，以正确的舆论引导大学生党员，以优秀的作品感染大学生党员，把社会主义核心价值观具体化、生活化，形成良好的社会主义核心价值观培育氛围，慢慢渗透到大学生党员的思想中去。

第三，坚持多措并举，形成教育合力。大学生党员社会主义核心价值观的培育，单靠一种措施是行不通的，必须要综合多种措施一起形成教育合力，引导大学生党员积极树立并践行社会主义核心价值观。我们可以在课堂上发挥思想政治理论课这个主渠道、主阵地的作用，还可以更新社会实践教

---

① 习近平. 在纪念五四运动100周年大会上的讲话 [M]. 北京：人民出版社，2019：7.

育理念，把社会主义核心价值观融入大学生"三下乡"、"四进社区"、志愿者服务、文化宣传、红色旅游等社会实践和公益活动中去，发挥多种力量的综合作用，让传统的社会实践教育模式焕发出新的活力。

第四，创新方式方法，注重教育实效。习近平总书记强调："做好意识形态工作，比以往任何时候都更加需要创新。"① 新时代青年大学生是当代中国高举马克思主义、中国特色社会主义旗帜，坚持不懈用新时代中国特色社会主义思想武装头脑，勇于创新创造的重要群体。在多元文化的今天，要讲求方式方法的创新，尤其是注重加强思想政治理论课的教学改革，不仅加强教育内容的改革，更要加强教学方式方法的改革，如研究式教学、启发式教学、参与式教学等教学方式方法，这样更能促进师生之间的互动，能让学生主动加深对社会主义核心价值观的理解和内化，从而增强新时代大学生党员社会主义核心价值观教育的实效。习近平总书记强调，"要坚持灌输性和启发性相统一，注重启发性教育，引导学生发现问题、分析问题、思考问题，在不断启发中让学生水到渠成得出结论"②。因此，社会主义核心价值观培育取得了开创性成就，主要包括：创造性地提出青年中国梦，青年对光明未来的信心大大加强；创造性地提出青年"人类命运共同体"，激励青年以实际行动不懈奋斗，中国青年日益走近世界舞台中央；创造性地提出青年时代责任和历史使命，引领青年感受新时代的光荣，开辟新的人生格局；创造性地提出青年理想信念道德修养，推动当代中国青年展现奋发有为的精神风貌；创造性地提出青年法治教育，法治思维培养成效卓著；创造性地提出青年创新创业教育，青年创新创业能力不断提升；创造性地提出青年家庭教育，家庭教育专业化取得实质性进展；创造性地提出青年职业教育，在数字化深入发展的时代下，为大学生提供了广阔的职业生涯前景等。这些全面论述和深刻阐释，既高度体现了我们党对青年大学生发展与青年工作的一贯要求，又精辟揭示了大学生成长成才的内在规律，对新时代大学生发展提出了新期待。这些新思想、新解答、新看法、新要求不仅构成以马克思主义基本原理、毛泽东思想和中国特色社会主义理论体系概论、思想道德修养与法律基础等课程内容为主线的思想政治理论课教学体系，而且蕴含着重大的思想政治教育教学中的方法论问题，这就要求高校思想政治理论课教师要依托教

---

① 中共中央宣传部. 习近平总书记系列重要讲话读本（2016年版）［M］. 北京：学习出版社，人民出版社，2016：196.

② 习近平. 用新时代中国特色社会主义思想铸魂育人　贯彻党的教育方针落实立德树人根本任务［N］. 人民日报，2019-03-19（01）.

材但又不能照本宣科。因此，高校思想政治教育教学要坚持用社会主义核心价值观塑造大学生鲜明的价值立场，使其永葆深层的家国情怀，让教育教学能更好地为国家话语提供基层传播方式，为政治思想渗透大学生生活提供认知与实践通道。

　　站在"两个一百年"的历史交汇点，全面建设社会主义现代化国家新征程即将开启。征途漫漫，唯有奋斗。我们积极弘扬和践行社会主义核心价值观，努力培育大学生社会主义核心价值观。我们通过奋斗，披荆斩棘，走过了万水千山；我们还要继续奋斗，勇往直前，创造更加灿烂的辉煌！

主要参考文献

邓小平，1993. 邓小平文选：第 3 卷 ［M］. 北京：人民出版社.

何玉海，2019. 关于"课程思政"的本质内涵与实现路径的探索 ［J］. 思想理论教育导刊（10）：130-134.

侯秋月，2020. 国学教育：大学生社会主义核心价值观培育的有效载体 ［J］. 中国高等教育（9）：33-35.

胡锦涛，2016. 胡锦涛文选：第 3 卷 ［M］. 北京：人民出版社.

江泽民，2006. 江泽民文选：第 1 卷 ［M］. 北京：人民出版社.

江泽民，2006. 江泽民文选：第 3 卷 ［M］. 北京：人民出版社.

教育部课题组，2019. 深入学习习近平关于教育的重要论述 ［M］. 北京：人民出版社.

刘进田，2016. 核心价值观与现代国家构建的正当性逻辑 ［J］. 清华大学学报（05）：103-108.

刘云山，2014. 着力培育和践行社会主义核心价值观 ［J］. 求是（02）：3-6.

路向峰，2020. 人类命运共同体的文化向度 ［J］. 学习论坛（06）：12-17.

毛泽东，1991. 毛泽东选集：第 1 卷 ［M］. 北京：人民出版社.

毛泽东，1991. 毛泽东选集：第 3 卷 ［M］. 北京：人民出版社.

习近平，2007. 之江新语 ［M］. 杭州：浙江人民出版社，2007.

习近平，2014. 青年要自觉践行社会主义核心价值观——在北京大学师生座谈会上的讲话 ［M］. 北京：人民出版社.

习近平，2015. 在庆祝"五一"国际劳动节暨表彰全国劳动模范和先进工作者大会上的讲话 ［M］. 北京：人民出版社.

习近平，2016. 在会见第一届全国文明家庭代表时的讲话 ［M］. 北京：人民出版社.

习近平，2017. 决胜全面建成小康社会　夺取新时代中国特色社会主义伟大胜利——在中国共产党第十九次全国代表大会上的报告［M］．北京：人民出版社．

习近平，2017．习近平谈治国理政：第2卷［M］．北京：外文出版社．

习近平，2017．在中国政法大学考察时的讲话［N］．人民日报，05－04（01）．

习近平，2018．坚持中国特色社会主义教育发展道路　培养德智体美劳全面发展的社会主义建设者和接班人［N］．人民日报，09－11（01）．

习近平，2018．习近平谈治国理政：第1卷［M］．2版．北京：外文出版社．

习近平，2018．在北京大学师生座谈会上的讲话［N］．人民日报，05－03（02）．

习近平，2018．在第十三届全国人民代表大会第一次会议上的讲话［M］．北京：人民出版社．

习近平，2018．在纪念马克思诞辰200周年大会上的讲话［M］．北京：人民出版社．

习近平，2018．在全国组织工作会议上的讲话［M］．北京：人民出版社．

习近平，2019．深化文明交流互鉴　共建亚洲命运共同体——在亚洲文明对话大会开幕式上的主旨演讲［N］．人民日报，05－16（02）．

习近平，2019．用新时代中国特色社会主义思想铸魂育人　贯彻党的教育方针落实立德树人根本任务［N］．人民日报，03－19（01）．

习近平，2019．在纪念五四运动100周年大会上的讲话［M］．北京：人民出版社．

习近平，2020．加强政治建设提高政治能力坚守人民情怀　不断提高政治判断力政治领悟力政治执行力［N］．人民日报，12－26（01）．

习近平，2020．思政课是落实立德树人根本任务的关键课程［M］．北京：人民出版社．

习近平，2020．习近平谈治国理政：第3卷［M］．北京：外文出版社．

习近平，2020．在统筹推进新冠肺炎疫情防控和经济社会发展工作部署会上的讲话［N］．人民日报，02－24（02）．

张伟，2011．国外加强社会核心价值观建设的做法及启示［J］．当代世界与社会主义（2）：158－162．

中共中央党史和文献研究院，2018．十八大以来重要文献选编（下）［M］．北京：中央文献出版社．

中共中央党史和文献研究院．2018．习近平关于总体国家安全观论述摘编

［M］．北京：中央文献出版社．

中共中央马克思恩格斯列宁斯大林著作编译局，1995．马克思恩格斯全集：第1卷［M］．北京：人民出版社．

中共中央马克思恩格斯列宁斯大林著作编译局，1995．马克思恩格斯选集：第1卷［M］．北京：人民出版社．

中共中央马克思恩格斯列宁斯大林著作编译局，1995．马克思恩格斯选集：第4卷［M］．北京：人民出版社．

中共中央马克思恩格斯列宁斯大林著作编译局，2012．马克思恩格斯选集：第3卷［M］．北京：人民出版社．

中共中央马克思恩格斯列宁斯大林著作编译局，2009．列宁专题文集（论无产阶级政党）［M］．北京：人民出版社．

中共中央文献研究室，2016．习近平关于科技创新论述摘编［M］．北京：中央文献出版社．

中共中央文献研究室，2017．习近平关于青少年和共青团工作论述摘编［M］．北京：中央文献出版社．

中共中央文献研究室，2017．习近平关于社会主义文化建设论述摘编［M］．北京：中央文献出版社．

中共中央宣传部，2018．习近平新时代中国特色社会主义思想三十讲［M］．北京：学习出版社．

中国共产党第十九届中央委员会，2020．中国共产党第十九届中央委员会第五次全体会议公报［M］．北京：人民出版社．

后 记

2021 年是"十四五"开局之年,"十四五"时期,我国开启全面建设社会主义现代化国家新征程。进入新发展阶段,坚持不懈培育和弘扬社会主义核心价值观,引导大学生做社会主义核心价值观的坚定信仰者、积极传播者、模范践行者,是本书力争要实现的目的,更是中华民族伟大复兴历史进程重要阶段的时代使命。

《新时代大学生社会主义核心价值观培育研究》这部学术专著,是作者主持完成的教育部人文社会科学研究一般项目"新时代大学生奋斗精神生成机理及培育路径研究"(项目号:21YJC710004)和重庆市教育科学规划课题"新时代青年奋斗精神培育机制研究"(项目号:2020-GX-264)的最终研究成果的部分内容。

诚挚感谢四川大学出版社的陈克坚老师和李思莹老师,没有你们的帮助,本书很难如期出版。特别感谢王家琴、路淑静、殷乙支等,前期的资料收集与整理完善过程中,都有他们的贡献。同时,本书还参阅引用了许多专家学者的文献资料,在此一并致谢。书中难免存在不足之处,期待专家学者和广大读者纠错与批评,以待将来进一步完善。

白　勤

2021 年 6 月于重庆